唐浩明評點
曾國藩日記

二

□天性褊激

原文

早飯後清理文件。旋見客，立見者十餘次，坐見者兩次。寫沅弟信一件、左季高信一件。午刻，萬篪軒來久坐。中飯後閱本日文件，至幕府閒談。旋又將本日文件閱畢，寫對聯七付。夜寫楊厚庵信一件，核改咨札信稿。二更三點入內室，閱《梅伯言詩文集》。

三更睡，五更醒，展轉不能成寐，蓋寸心爲金陵、寧國之賊憂悸者十分之七八，而因僚屬不和順、恩怨憤懣者亦十之二三。實則處大亂之世，余所遇之僚屬尚不十分傲慢無理，而鄙懷忿恚若此。甚矣，余之隘也！余天性褊激，痛自刻責懲治者有年，而有觸即發，仍不可遏，殆將終身不改矣，愧悚何已！

是日接沅弟十四日信，尚屬平安。（同治元年九月十八日）

評點

五更醒來後，曾氏就睡不着了，因爲心裏有事。這事七八成是因爲金陵、寧國前綫戰事，二三成是因爲幕府中的人事。曾氏幕府之盛，歷史上少有。容閎在《西學東漸記》中這樣記載：『當時各處軍官，聚於曾文正之大營中者不下二百人，大半皆懷其目的而來。總督幕府中亦有百人左右。幕府外更有候補之官員、懷才之士子，凡法律、算學、天文、機器等等專門家，無不畢集，幾於舉全國人才之精華匯集於此。』這些頂尖級的人才精華匯集在一起共事，矛盾與衝突自然是不可免的，煩心事也便常常有。白天一定是發生了什麼不愉快的事，讓曾氏記掛在心。

令我們感興趣的是，曾氏一本自律、克己的慣例，從檢查自身做起。他反思自己褊激。褊者心胸狹窄也，激者言行過激也。褊激的人，因爲器量不大，容不得物，每聽到不順耳的話，每見到不順心的事便會立時發作，形之於聲色，弄得當事者下不了臺，也使周圍的人感覺不舒服。褊激者做領導，在他手下做事的人便因此難得舒心。所以，自古以來的正統教育，總是要受教育者器量大。俗話說『宰相肚子裏好划船』。宰相主管全國大事，是最大的官，也就需要最大的肚量，容得下最多的人。

褊激無疑是曾氏個性上的一個欠缺。早期，他因褊激與鄭小珊鬧意見，以至於肆口謾罵，甚至常常對下人大發脾氣。做了湘軍統帥後，這個毛病也時常發作，多年的好朋友馮樹堂因受不了他的當衆訓斥拂袖而去。每個人都有毛病，有毛病並不可怕，能認識到並有意識地加以抑制，則可以儘量減少危害。

□江西藩司有意掣肘

原文

早飯後清理文件，見客二次，旋圍棋一局。寫沈幼丹信一件、沅甫信一件，作摺稿一百字。

至馮竹漁寓吊喪，其父於三月死於伊犁，其庶母、弟妹均在伊犁，煢煢無依。渠又無資可挾以奔喪，萬里迎接眷屬，哀痛迥异尋常。

中飯後再作摺，閱本日文件，見客一次。酉刻將摺作畢，約千餘字。寫掛屏四幅。傍夕至幕府鬯談。夜核批札稿，至二更三點畢。四點入內室，倦甚，不復能溫書矣。是日未接沅弟信，寸心懸懸。午刻，天稍開霽，爲之少慰。晡時陰雨如故，念金陵將士晝夜苦守，憂繫無已。

日內因江西藩司有意掣肘，心爲忿恚。然細思古人辦事，掣肘之處，拂逆之端，世世有之。人人不免惡其拂逆，而必欲順從，設法以誅鋤异己者，權臣之行徑也；聽其拂逆而動心忍性，委曲求全，且以無敵國外患而亡爲慮者，聖賢之用心也。吾正可借人之拂逆以磨勵我之德性，其庶幾乎！（同治元年九月二十五日）

評點

要説曾氏帶兵與太平軍打仗的十三個年頭裏，最艱難的歲月，應是在江西的那幾年。那些年，不但仗打得不好，還與江西的官場處置得不好。咸豐五年六月，曾氏居然在困境中奏參江西巡撫陳啓邁、臬司惲光宸，而陳與曾氏同鄉同年同官翰林，雖然朝廷准了曾氏的奏罷免陳、惲，但曾氏的絶情，招致江西官場的不少閑言。

在江西官場看來，江西出錢出糧，曾氏的軍事却敗仗連連。耗費江西的供養，而不能爲江西辦事。這樣的軍隊與統帥，江西不歡迎。更有人算老賬，説咸豐二年曾氏出任江西鄉試正考官，中途回家奔喪，没有主考江西却拿了江西公送的一千兩祭奠銀。江西没有虧待曾氏，是曾氏對不起江西。江西對曾氏的這種陳見，一直保存在江西歷任撫、藩要員們的意識中。

張集馨曾在咸豐十年至十一年間做過江西藩臺，他有一部《道咸宦海見聞録》傳世。書中説起曾氏來，没有好話：『曾滌生不籌全局，决裂無疑。』『曾帥所批直是玩視民瘼。平昔尚以理學自負，試問讀聖賢書者，有如是以横徵暴斂，掊克民生，剥削之氣者乎？』張與曾氏的矛盾，源於軍餉上。

曾氏站在軍事立場上，强行責令江西一定要出多少銀子供應前方戰事，不容商量。張站在江西省的立場上，認爲民力枯竭，實在拿不出這麽多銀子來。彼此之間的互不滿意便由此産生。咸豐十一年六月，曾氏借朝廷詢問張集馨在九江聞警逃避一事，狠狠地參了張一本，張隨即被革職。若説張對曾氏是懷恨在心，出爲文章自然痛加貶損，不能作爲實據的話，那麽接替張出任江西藩臺的，則是曾氏極力推薦的人物李桓。曾氏説李桓『廉幹勤敏，吏才精核』，『任勞任怨，竭蹶經營』，『舉措合宜，輿論翕然』，而今天的『日內因江西藩司有意掣肘，心爲忿恚』中的『江西藩司』，便是這個李桓。

同治三年四五月間，爲軍餉一事，江西巡撫沈葆楨與曾氏大幹了一場，弄得曾氏十分惱火，而沈葆楨則是曾氏就任兩江總督後第一個力薦的人。沈當時衹是一個回籍家居的道員，曾氏破格保舉他爲江西巡撫，並稱『該道器識才略實堪大用，臣目中罕見其匹』。

從陳啓邁到張集馨到李桓到沈葆楨，不論是同鄉同年同事，也不論是經其保舉破格提拔者，似乎一旦到江西主政，便成爲曾氏的不合作者。這件事説明了什麽？它至少可以證明：一、江西官場對曾氏本人印象不好；二、曾氏對江西銀錢上的要求苛嚴。但曾氏没有從兩點上去檢查自己，却以不做權臣爲告誡，要動心忍性委曲求全。當然，站在曾氏的立場上，他可能並不認爲自己苛嚴。没有足够的軍餉，如何能保障前方的軍事勝利？不用强硬的手段從嚴徵求，又如何能在民生凋敝的時代挖得出糧餉？

□以忍渾二字痛加箴砭

原文

早飯後清理文件。旋見客三次，寫沅弟信一件，與程四世兄圍棋三局。中飯請趙岵存便飯，坐無他客，與之暢談，未正散。申刻至幕府一叙。閱本日文件，寫毛寄雲信一封。傍夕入內室一坐。夜寫澄侯信一封，核批札各稿，謄十一月下旬、十二月上旬銀錢所報單。温《詩經·靜女》以下三篇。三更睡。

光景似箭，冉冉又過一年，念德業之不進，愧位名之久竊。此後，當於「勤、儉、謹、信」四字之外，加以「忍」字、「渾」字，痛自箴砭，以求益炳燭之明、作補牢之計。（同治元年十二月三十日）

評點

今天是大年三十，過年的日子。家人不在身邊，陪着他的僅一患病的陳氏妾。

這一天，曾氏並没有給自己放假，他依然很忙碌：清理文件，閱讀文件，接見三次客人，寫了三封信，下午還到幕府去看望堅守崗位的師爺們。夜裏又審批咨札，謄寫賬單，末了還温習《詩經》中的《靜女》、《新臺》、《二子乘舟》。直到深夜十一點纔上床睡覺。

一年很快就過去了，道德修養與軍事業績都進展不大，而身處萬衆矚目的高位又令內心慚愧。曾氏想到這裏，敦促自己不但於「勤」、「儉」、「謹」、「信」四字需要繼續努力外，更要於「忍」與「渾」兩字痛加箴砭，以求對晚年境界有所補益。

同治元年的除夕夜，曾氏特別要求今後要在「忍」與「渾」兩字上下功夫，除與近期跟江西官場有些不愉快的經歷有關外，也是曾氏針對自己性格中的毛病所開的兩劑藥方。

曾氏不是聖人，與普通人一樣，有許多毛病。性格褊激應是他的主要毛病之一。趙烈文在《能靜居日記》中爲我們留下了曾氏許多真實的生活畫面和個性化的語言。我們來讀一讀他在同治六年八月二十一日的記載：「下午，滌師復來久談。自言初服官京師，與諸名士游接。時梅伯言以古文、何子貞以學問書法皆負重名。吾時時察其造詣，心獨不肯下之。顧自視無所蓄積，思多讀書，以爲异日若輩不足相伯仲。」當天的日記還記載：「起兵亦有激而成。初得旨爲團練大臣，借居撫署，欲誅梗令數卒，全軍鼓噪入署，幾爲所戕。因是發憤募勇萬人，浸以成軍，其時亦好勝而已。」

不願居人之下、好勝、總想與人比個高下，這就是青年與中年時期褊激的曾氏。近天命之年後，雖然力求去褊激而趨平和，但天性如此，要完全去掉是很難的，所以曾氏要以「忍」和「渾」來醫治。

忍者忍耐。曾氏曾與趙烈文戲言，他接受邵懿辰所贈與的「文韌公」謚號，忍受別人難以忍耐的困難與委屈，堅韌地做自己的事業。

至於渾，他也特別推崇。他將「渾」列入君子八德之一。他說「謙卑含容是貴相」，這「含容」便是「渾」。「渾」不是糊塗，而是精明不外露，也就是他所説的「勁氣常抱於胸而百折不挫，是非瞭然於心而一毫不露」。在這方面，他很佩服李續賓。他説李續賓對什麽都看得清楚，但他不輕易發表自己的意見，常常是稠人廣坐之中終日不發一言。

□聖人之道莫大乎與人爲善

原文

早飯後清理文件，寫澄侯信一件。巳初行開印禮。旋出門拜客五家，均會晤。

在轎中，思古聖人之道莫大乎與人爲善。以言誨人，是以善教人也；以德熏人，是以善養人也：皆與人爲善之事也。然徒與人則我之善有限，故又貴取諸人以爲善。人有善，則取以益我；我有善，則與以益人。連環相生，故善端無窮；彼此挹注，故善源不竭。君相之道，莫大乎此；師儒之道，亦莫大乎此。仲尼之學無常師，即取人爲善也；無行不與，即與人爲善也。爲之不厭，即取人爲善也；誨人不倦，即與人爲善也。念吾忝竊高位，劇寇方張，大難莫平，惟有就吾之所見多教數人，因取人之所長還攻吾短，或者鼓蕩斯世之善機，因以挽回天地之生機乎！適訪晤石埭楊德亨仲謙，因其譽我太過，遂與談及一二。

午正歸。中飯後至幕府閒談。旋閱本日文件，寫沅弟信一件，核批札各稿。傍夕又至幕府一談。夜，定江西厘務月報單畢。因眼紅作疼，不敢多治事，二更三點睡。（同治二年正月二十一日）

評點

曾氏有一副著名的聯語，道是：取人爲善，與人爲善；樂以終身，憂以終身。今天的日記，便是對這副聯語中上聯的注脚。

曾氏認爲古代聖賢的最高道德就是與人爲善。他們以自己的言説教化別人，以自己的德性熏陶別人。這都是做的與人爲善的事。然而僅僅祇是給予別人，則自己的善有限，所以又需要從別人那裏獲得善。別人的善給予我，我的善給予別人。如此則連環相生，彼此貫注，則善的源頭無窮無盡，不枯不竭。輔助君王，傳播儒學，其最緊要之處也在這裏。孔子求學没有固定的老師，這就是取人爲善；走到哪裏就傳道到哪裏，這就是與人爲善。他求學不厭煩，就是取人爲善；他教導別人不覺疲倦，這就是與人爲善。

曾氏因此想到自己眼下身處高位，反叛者勢力强大，朝廷的大灾難没有止息，唯一可行的，就是以自己的所見所識多教育幾個人，借別人的長處來整治自己的短處。這樣做下去，或許可以鼓動當世的善機，因此而挽回天地之間的生機。

曾氏身居高位，握有軍權，可以生殺予奪，處置一切。不少人處如此境地，則狂妄放肆，胡作非爲，無法無天，隨心所欲，但曾氏不這樣。曾氏認爲越是位高權重，越是責任重大。這個責任是什麽，就是繼承弘揚古來聖賢們的與人爲善。因爲自己的善不够，就還得向別人求取善。且不説踐行如何，處曾氏這種地位的人能有這樣的想法，他的思想也便進入了聖賢境界。

日記中説『巳初行開印禮』，即九點鐘舉行開啓印信的典禮。這意味着兩江總督衙門從今天起結束年假，正式辦公。封印是在去年十二月二十一日。由此可知，當時地方上的最高衙門，年假整整放一個月。

□高官巨職足以損智長傲

原文

早飯後清理文件，見客二次，寫沅弟信一件、幼丹信一件。出門拜客三家，至河下回拜養素，午正歸。見客三次。陳俊臣搬入公館來住，與之鬯談。中飯後至幕府一敘，圍棋二局，見客三次。清理文件甚多，皆出門以後存署未經送閱之件，至更初粗畢。旋核批札各稿。二更後温《古文簡本》。日內應酬繁多，神昏氣乏，若不克支持者，然後知高官巨職足以損人之智而長人之傲也。（同治二年二月三十日）

評點

高官巨職，幾乎爲絕大多數男人所向往。因爲一則出人頭地，足以向社會展示自己的價值；二則有權有錢，可以享受一般人得不到的好處。曾氏是一個真正的高官巨職者，他却向我們透露出此種人的痛苦與弊病。

因爲官職崇隆，應酬便多。繁忙的應酬，使得人神志昏惰、氣息疲乏，所帶來的結果是聰明智慧日漸減少，驕傲霸道日漸增加。本來好端端的一個人才，便這樣慢慢地給毀了。這原因是什麽？《紅樓夢》裏說：『靜則靈，靈則慧。』《老子》說：『江海所以能爲百谷王者，以其善下之。』高官巨職者，一來不安靜，二來高高在上，長久以往，豈不『損人之智而長人之傲』？

□面對京察優叙的檢討

原文

早飯後清理文件，旋圍棋一局，見客三次，又立見者一次，寫澄弟信一封，核批札稿數件。倦甚，小睡。午刻寫對聯四付。

折弁施占琦自京歸來，接閱京報，見正月廿三日邸鈔，本年京察，國藩得邀優叙，考語褒嘉甚厚。同得獎叙，內則議政王及軍機大臣五人，外則官、駱、左、李四人。因部文未到，不能具摺謝恩。旋看京報數十本。

中飯，請許述卿世兄、王少庚等小宴，申初散。閱本日文件。接郭雲仙信，甚長。酉初出門拜客，周子瑜、唐義渠處一叙，歸，至眉生處一談。核批札稿。夜再閱京報，寫沅弟信一件，温『辭賦類下』，二更三點睡。

近日，省察自己短處，每日閒怠玩時多，治事時少；看書作字治私事時多，察人看稿治公事時少。職分所在，雖日讀古書，其曠官廢弛，與廢於酒色游戲者一也。莊生所謂臧穀所業不同，其於亡羊均也。本無知人察吏之才，而又度外置之，對京察褒嘉之語，殊有愧矣！（同治三年三月十四日）

評點

寫這篇日記的第二天，曾氏就收到了吏部寄來的優叙公文。三月二十七日，曾氏具摺謝恩。從這道謝恩摺中我們看到朝廷對曾氏從優表彰的詞語：『協辦大學士兩江總督曾國藩，督軍剿賊，節制東南數省，盡心區畫，地方以次削平，舉賢任能，克資群力，着交部從優議叙。』

作爲一個深爲中樞倚重的高級官員，面對朝廷的格外褒揚（朝廷內外僅九人得此殊榮），他一如往昔地檢討自我的不足。其不足之處有兩點：一是怠玩時多而治事時間少，二是治私事多而治公事少。即以本日所記爲例，我們來看看曾氏自我檢討的程度究竟如何。

曾氏吃完早飯後就開始清理文件，然後下了一局圍棋，接下來見客四起，寫給四弟信一封，核批公文數件。感覺很疲倦，略爲睡一會兒。午間寫對聯四副，接下來閱讀京報。中飯時，宴請許述卿、王少庚。這頓飯吃到下午三點鐘。飯後即閱讀當天收到的文件，接下來讀郭嵩燾寄來的長信。五點後出門拜客，去了三處。到家後繼續核批札稿，再閱京報，給九弟寫信，最後温習幾篇古文。將近十點鐘時，曾氏結束一天的勞作，上床睡覺。

就這普普通通的一天，一環接一環，被曾氏安排得緊緊的，即便去掉一半的工作量，曾氏已經是够累了，何況他已年過半百、身體多病！這一天裏的『怠玩』，僅祗一局圍棋。曾氏的第一項檢討顯然太過苛嚴。在第二項檢討中，曾氏將公事與私事區分開來，他將看書寫字等都算作私事。本日他寫了兩封家信、四副對聯、温習幾篇古文。在長達十多個小時的白天勞作中，即便除去這一部分，他也有十個小時左右的公務活動。一天的公事也够多够累了。

《莊子·駢拇》中有一段著名的話：『臧與穀，二人相與牧羊而俱亡其羊。問臧奚事，則挾筴讀書；問穀奚事，則博塞以游。二人者事業不同，其於亡羊均也。』讀書雖然是好事，賭博雖然是壞事，但相對於丢失羊而言，無所謂好壞，其結果都是一樣的：羊都給弄丢了。曾氏引用此典，意在説明自己雖没有去酒色游戲，但看書寫字等私事同樣也耽誤了公事，不能原諒。

這樣一檢討，曾氏便以得朝廷優叙而感到慚愧。如此對自己嚴加要求的高級公務員，今世可能再也找不到了。不僅僅在自律克己上，還在於對公與私的區分標準上，以及對工作與休息之間應如何合理安排上等等。

□借請病假向朝廷表明態度

原文

早飯後因身體患病，謝不見客。旋改告病摺一件，又改近日軍情片，是日凡改三次。圍棋一局。幕友來見者數次。巳刻，龐省三來久談。午刻核科房批稿，寫對聯六付。中飯後，唐中丞來話別，渠於本日回籍省墓也，談約一時有半。閱本日文件甚多，核批札各稿。酉刻出城送唐中丞之行，傍夕歸。發報三摺、五片。夜閱《古文·書牘類》，二更三點睡，倦甚。日內因户部奏摺似有意與此間爲難，寸心抑鬱不自得。用事太久，恐人疑我兵權太重、利權太大。意欲解去兵權，引退數年，以息疑謗，故本日具摺請病，以明不敢久握重柄之義。（同治三年三月二十五日）

評點

曾氏近來面臨着一件不愉快的事，即他所節制的江西省居然不服從統一調配，借口戰事緊急，一定要將江西省的牙厘截留於本省，户部竟然同意江西的做法。曾氏堅決反對江西這種不顧大局的行爲，三月十二日上奏朝廷，辭氣亢厲，據理力爭：『臣嘗細繹會典事例，大抵吏事由撫臣主政，兵事應由督臣主政。就江西餉項論之，丁漕應歸沈葆楨主政，以其與吏事相附取也；厘金應歸臣處主政，以其與兵事相附取也。』『何况厘金奏定之款，尤爲分内應籌之餉，不得目爲協餉，更不得稱爲隔省代謀。如江西以臣爲代謀之客，則何處是臣應籌餉之地！』

更令他傷心的是，江西巡撫沈葆楨乃他一手破格提拔上來的。沈不知報恩，反而在南京前綫戰事危急之際攔截此要命之款。曾氏按捺不住心中的憤恨，將沈告上朝廷：『臣返躬内省，則自覺對沈葆楨而無愧，即訊諸大廷質諸鬼神而無慚，而沈葆楨專尚客氣，不顧情理，實有令人難堪者，臣亦不復能隱忍不言矣。』

林則徐之外甥兼女婿的沈葆楨，也是一個出了名的硬漢子。他得知曾氏參了他後，立即亦上奏請求朝廷開缺，以强硬的態度公開與他的上司對抗。鑒於這種狀況，朝廷最後以和稀泥的手法處置此事：江西牙厘一半歸金陵皖南大營，一半供本省之餉，另撥專款彌補曾氏之缺。曾氏心中很鬱悶。這種鬱悶既源於江西與沈葆楨的態度，也源於户部對江西與沈的支持。曾氏一向奉行『行有不得，反求諸己』的處世待人之方，在日記中他反思：『用事太久，恐人疑我兵權太重、利權太大。』

的確，曾氏節制東南戰場上的軍隊，掌控兩江三省的賦税，兵權之重、利權之大，堪稱天下第一。但曾氏深諳權力背後的陰影，每每以歷史上的權臣多下場悲慘爲警戒。他的九弟國荃同樣也是位高權重，故而兄弟倆私下的信中，做大哥的經常説一些類似『古來成大功大名者，除千載一郭汾陽外，恒有多少風波、多少災難，談何容易！願與吾弟兢兢業業，各懷臨深履薄之懼，以冀免於大戾』（同治元年七月二十八日）的話，既是開導弟弟，也是提醒自己。他決定以退抑來表白自己對兵權、利權的淡泊。日記中説他當天已具摺請病。我們來看他是如何寫的：

『臣向患嘔吐之症，每發則减食斷葷，旋就痊可。三月二十二日復行舉發，以爲舊恙，不甚經意。二十四日忽然眩暈，左手左脚疼痛异常……又非中風，非調理得宜，恐成偏廢之症。臣忝綰兵符將近四年，尚未克復金陵，悚仄方深，若遽嬰疾不能治事，尤增愧憾。幸右手尚能勉强作字，而年未六十，或不至竟成痼疾。惟有仰懇皇上天恩，俯准賞假一月，在營調養，一俟病痊，即當奏明銷假。』

若僅僅出於消除懷疑，請假一個月不足以起作用。筆者想，曾氏主要是想借因病請假一事，向朝廷表明自己是一個病人。一個『恐成偏廢』的病人，是不可能有什麽非分之想的，目前所掌握的兵權利權，不過是爲了『克復金陵』而已，請朝廷不必多心。

□困境中的自勉

原文

早飯後清理文件，旋見客，立見者三次，坐見者二次。外甥王昆人自金陵來，與之久談，因命之速歸省母。巳初接信，則其母已於三月十四日未刻仙逝，因不遽告甥，而催令登舟速歸，俾其途中姑得少寬，且免在此成服，耽閣數日也。吾兄弟姊妹九人，今僅存三人矣，傷感特甚，不能治事，因閲《老學庵筆記》以自遣。圍棋一局。寫沅弟信一件。中飯後，閲本日文件。圍棋一局。核批札各稿。再閲《老學庵筆記》。

傍夕得信，知新仁、依仁營有搶劫山内糧臺之事，憂灼之至。兵事不振，變症百出，曷勝愧憾！傍夕在竹床小睡。夜閱《老學庵筆記》。又接廷寄，將昨日總理衙門所撥銀五十萬重言以申明之。二更四點睡，不甚成寐。蓋骨肉死喪之感，鬨餉内變之事，金陵未竟之功，江西流賊之多，百端交集，竟不知事變之胡底也。（同治三年三月二十八日）

早飯後清理文件。旋見客，坐見者二次，立見者一次。圍棋一局。已刻又見客一次。閱阮文達《石渠隨筆》。又立見之客三次。已刻寫對聯九付。午刻核科批稿，與眉生鬯談。中飯後見客一次。接家信，知緝熙侄女之婿黄鼎甫於三月十七日申刻去世，悲愕無已。一則痛侄女之早寡，二則念温甫弟三河殉節之後，家中氣象衰落。弟婦憂患餘生，恐因哭婿而益悲憤成疾也。閱本日文件，寫沅弟信一件，核批札各稿，閱石案卷宗。傍夕至幕府一談。夜核改信稿。因念家中多故，紀澤兒病未全愈，心中焦慮之至。而天氣陰雨作寒，恐傷麥收，又不知兵事之變態何如，彌覺憂惶不能自寧。因集古人成語作一聯以自箴，曰：『强勉行道，莊敬日强。』上句箴余近有鬱抑不平之懷，不能强勉以安命；下句箴余近有懶散不振之氣，不能莊敬以自奮。惜强字相同，不得因發音變讀而易用耳。（同治三年四月初七日）

評點

將這兩則相隔九天的日記並列一起的緣由，是因爲這兩則日記記載了曾氏内心的痛苦。這種痛苦來自公與私兩個方面。

私的一面：妹妹國蕙早幾天去世，年僅五十。曾氏兄弟姊妹一共九人，現在僅存他及四弟國潢、九弟國荃三人。骨肉凋零如此慘重，他傷感得不能治事。他的侄女婿年紀輕輕的，也於近日去世。六弟婦又因丈夫（六弟國華）的死而悲憤成疾。兒子病未好，又加之『内人咳嗽不止，大女兒體日瘦弱』（同治三年三月二十四日致澄弟信中語）。所有這一切變故，都令曾氏『心中焦慮之至』。

公的一面：因江西截留牙厘，南京前綫嚴重缺餉，士氣大受影響，曾氏當心内亂嘩變。南京戰事進展緩慢，朝野多有閑言，曾氏心理壓力很大。正當麥收季節，却天氣陰雨寒冷，一則不利於收割麥子，勢必造成飢民更多，社會更趨動蕩；二則天象反常也暗示上天不滿，大亂不止。

無論是私，還是公，種種迹象，均非曾氏心中所願。曾氏如何來應對呢？曾氏一方面以讀閑書來排遣鬱愁，一方面以古人克難精神自勉。

在困境中曾氏常作自勉聯，借此激勵意志，渡過難關，除本日所寫的『强勉行道，莊敬日强』外，還有些名聯，如『養活一團春意思，撑起兩根窮骨頭。』『天下斷無易處之境遇；人生哪有空閑的光陰。』『天下無易境，天下無難境；終身有樂處，終身有憂處。』『一心履薄臨深，畏天之鑒，畏神之格；兩眼沐日浴月，由静而明，由敬而强。』『戰戰兢兢，即生時不忌地獄；坦坦蕩蕩，雖逆境亦暢天懷。』『禽裏還人，静由敬出；死中求活，淡極樂生。』

這些作於拂逆之中的自勉聯，對今人仍有啓發。

□爲打造銀壺愧悔

原文

早飯後，坐見之客二次，立見者一次。清理文件。圍棋二局。與閱卷者周、倪、龐諸公一談，季君梅來久談。閱《饗燕禮》中《儀禮》、《燕禮》、《戴記·燕義》。與周、倪諸君中飯後，閱本日文件。又坐見之客二次，立見者一次。核科房批稿，習字半紙，閱《春秋享燕禮》一卷畢，題識書面。

李翥漢言照李希帥之樣打銀壺一把，爲炖人參、燕窩之用，費銀八兩有奇，深爲愧悔。今小民皆食草根，官員亦多窮困，而吾居高位，驕奢若此，且盜廉儉之虛名，慚愧何地！以後當於此等處痛下針砭。

傍夕小睡。夜温《古文》識度之屬，温《書經》《堯舜典》、《皋陶謨》。二更三點睡。是日，鴻兒痘症平安如常。仍服清潤之藥，未服補劑。（同治六年四月初三日）

評點

花費八兩銀子打造一把銀壺，用來炖人參、燕窩之用。曾氏爲此事『深爲愧悔』。有讀者會説，身爲兩江總督、一等侯，爲防止别人下毒謀害，用區區八兩銀子打造一把銀壺，何足檢討！曾氏有點做作了。也有讀者會説，既然愧悔，當初就不應該打造。又要打造，又要檢討，何必呢？應該説，讀者的這兩種批評，都有道理，但也不盡然。

可以設想一下，當初打造這把銀壺，家人可能就以防謀害爲理由説動了曾氏。但曾氏事後想起來，還是心有慚愧，認爲花費太大。當然，也可能家人從一開始就没有告訴他，讓他知道時已成事實，所以曾氏覺得不安。不要以爲，曾家人辦事，樣樣都事先禀告老爺子。就連在老家建造富厚堂，花錢七千多串，摺合銀子六千多兩這樣的大事，曾氏事先都不知道，何況八兩銀子的銀壺！若從一向儉樸的整體原則來看，曾氏的愧悔出自於真心，應是可以相信的。

□滿人高官中也有儉樸者

原文

早飯後清理文件。昨日課書院，本日請緡雲等閱卷，與之久談。旋見客一次。習字一紙。考驗武員馬步箭。圍棋二局。閱《瀛寰志略》二十五葉，陸續至申初始畢。中飯，邀緡雲、曉蓮、省三等小酌。飯後，同看後園土山。又坐見之客一次。閱本日文件，見郭遠堂調鄂撫，知沅弟果已開缺。核信稿一件。傍夕至後園一覽。夜核批稿簿，又核信稿多件，二更後温《古文》情韵之屬，朗誦良久。四點睡，四更三點醒，旋又略能成寐。

念吾平日以『儉』字教人，而吾近來飲食起居殊太豐厚。昨聞魁時若將軍言，渠家四代一品，而婦女在家並未穿着綢緞軟料。吾家婦女亦過於講究，深恐享受太過，足以折福。（同治六年十一月初四日）

評點

在人們印象中，入關後，坐穩了江山的滿族權貴都過着錦衣玉食、奢靡享樂的生活，其實也不全是這樣。這篇日記裏所說的魁玉，便不是紈絝家的子弟。魁玉字時若，滿洲鑲紅旗人，此時官居江寧將軍，應屬位高權重者。日記裏記載，魁玉自言他們家四代一品高官，而婦女在家不穿綢緞軟料。當然，這祇是魁玉自言，曾氏並未派人去調查，或許不一定很符實，但大致上應該差不多。因爲像魁玉這樣的家庭，婦女在家穿綾羅綢緞也不算什麼，魁玉用不着在曾氏面前説假話。再説，魁玉也不是曾氏的下屬，他也用不着投曾氏所好，以此來獲取曾氏對他的好感。

曾氏對家中女眷的要求還是很嚴格的。曾氏對家中男人要求是『看、讀、寫、作』四字缺一不可，婦女則是『衣、食、粗、細』四字缺一不可。所謂衣事指紡紗績麻，食事指做小菜點心酒醬，細即細工指針綫刺綉之類，粗即粗工指做鞋縫衣等。曾氏親自驗功：食事每日驗一次，衣事三日驗一次，細工五日驗一次，粗工每月驗一次。兩江署中，歐陽夫人身爲內眷總管，亦親自紡紗績麻。

據曾氏最小的女兒紀芬説，她在十三歲那年，有次穿長嫂賀氏夫人所遺留下來的鑲有青花邊的黃綢褲，其父看到後説她奢侈。她趕緊向三姐借了一條褲子換下來。紀芬還回憶了一件事，説她的二姐出嫁時，有一枚重七錢的金耳挖被人偷了，歐陽夫人爲之幾天没有睡好覺，擔心女兒到夫家後没有值錢的首飾而被人看不起。曾氏規定嫁女祇給二百兩銀子。紀芬的四姐出嫁時，其九叔曾國荃不相信嫁妝祇二百兩的説法，待親自驗證後，嗟嘆再三，認爲實在太少了，於是自己再拿出四百兩銀子來送侄女。

即便如此，曾氏仍覺得與魁家比起來，曾家婦女還是太講究。他一貫主張惜福：『有福不可享盡，有勢不可使盡。』深恐家人耽於享受而折損福氣，一再叮嚀全家：『家勤則興，人勤則健。能勤能儉，永不貧賤。』從滿族權貴魁玉家的表現看來，當時無論滿漢，清王朝上層人士中，也還是不缺乏頭腦清醒者。

□恐懼盛極而衰敗

原文

是日，余啓程北上入覲。早飯後清理文件。見客二次。將邵位西墓誌寫本另寫十餘字，改信稿四件。剃頭一次。

巳正二刻啓行。途中觀者如堵，家家香燭、爆竹拜送，戲臺、酒席路餞者，在署之西爲鹽商何公遠旗等一席，在水西門之外爲合城紳士方伯雄等一席，又有八旗佐領等及船户等各設彩棚爲餞。午正至官廳，少泉、穀山及文武等送別，寄請聖安。

余旋登舟，見客五次。吃中飯後，又見客三次。開船，行至下關。少泉、穀山送至下關，久談。吴竹如亦至下關，與三人久談，而滿城文武士友皆送至下關。坐見之客十餘次。夜飯後，潘季玉、李眉生等先後來談，澄弟一談，疲倦極矣。二更三點睡。中刻行船時，曾將郭雲仙所著《湘陰縣志》一閱。

睡後，不甚成寐。念本日送者之衆，人情之厚，舟楫儀從之盛，如好花盛開，過於爛漫，凋謝之

期恐即相隨而至，不勝惴慄。又接湖南咨文，不願出長江十六萬一款，其事仍辦不成，殊以爲慮。（同治七年十一月初四日）

評點

同治七年七月，曾氏以武英殿大學士的身份奉調直隸總督，遺下的兩江總督之職由馬新貽接替。朝廷的這一番任命，在當時來說，對曾是出任天下第一總督，對馬而言是委以天下第一富庶重任。二人都有深荷重用之感。然而，後來的事實是對二人都不利：曾氏不幸卷入天津教案，使得他『外慚清議，內疚神明』；馬更因此而命喪刺客之手。禍兮福兮，真個是難以預料。

任何一個人，若做到曾氏這樣的官位，按當時中國官場習氣，他的離開，都會得到隆重的歡送。何況曾氏在戰火中經營江南十多年，與這裏的許多文武大員結下生死與共的患難之交，與此地的紳商士農都有着利益相連的深厚之情，今日一旦離開江南進入北國，在那種交通不發達的年代，以後要見上一面很不容易。他們出自真情，隆重相送，依依不舍。其情其誼，又自是過去的江督們所不能比擬的。面對着此種熱鬧場面，許多人會有志得意滿、快意平生之喜悅，但曾氏的感慨與衆不同：『念本日送者之衆，人情之厚，舟楫儀從之盛，如好花盛開，過於爛漫，凋謝之期恐即相隨而至，不勝惴慄。』

曾氏在三十多歲時，便從《易經》中悟出宇宙無圓滿無缺、人生亦無圓滿無缺的大道理，從而向往『花未全開月未圓』的生命境界。花未全開，月未圓滿，就意味着生命還處在上升狀態。一旦全開、全圓，則生命已發展到頂點，接下來便是凋謝與虧缺，展現的是一幅向下走的景況。這種景況，

自然是人們所不願意看到的。

曾氏這種『求闕』的理念，對人生有積極的警示作用。它可以提醒人不要太求太貪太向往完美，還可以提示人在得意之時要保持冷靜的意識，不可太傲太狂太自我膨脹。

□名心太切、俗見太重

原文

早飯後清理文件。坐見之客二次，立見者一次。圍棋二局。陳善奎送其父起禮詩集。又送張南山《花甲閑談》，紀生平之踪迹，繪圖題咏。又送何文簡公《餘冬録》一部，明郴州何孟春字子元，號燕泉所作也。將此三書略一翻閱。午刻核批稿各簿。中飯後閱本日文件。

因思近年焦慮過多，無一日游於坦蕩之天，總於由名心太切、俗見太重二端。名心切，故於學問無成，德行未立，不勝其愧餒。俗見重，故於家人之疾病、子孫及兄弟子孫之有無強弱賢否，不勝其縈繞，用是憂惴局促，如蠶自縛。今欲去此二病，須在一『淡』字上着意。不特富貴功名及身家之順逆、子姓之旺否悉由天定，即學問德行之成立與否，亦大半關乎天事，一概淡而忘之，庶此心稍得自在。展轉籌思，徘徊庭院，中、酉間不治一事。

傍夕小睡。夜閱《韋蘇州集》。二更後温《書經》，至『梁州』止。三更睡。（同治十年三月十六日）

評點

讀曾氏晚年的日記，心情頗有壓抑之感。這是因爲曾氏晚年的日記多遺憾多追悔。這種遺憾和追悔，給他自己帶來很大的痛苦。爲此，他製聯自解：『莫苦悔已往愆尤，但求此日行爲無慚神鬼；休預怕後來災禍，衹要暮年心氣感召祥和。』又每每以『樂天知命』、『敬靜純淡』、『發奮忘食、樂以忘憂』來勉勵自己，希望上學孔、顏，次學周、程、邵、朱，又次學陶、白、蘇、陸等人的樂觀曠達，以掃除自己的終日鬱悶。

曾氏檢討自己爲何總是焦慮，缺乏蕩坦的胸襟，一是名心太切，二是俗見太重。名心太切，表現在太渴望做一個立德立功立言的三立完人。俗念太重，表現在對家庭對親人太放不下。他决定以『淡』字來化解，將名心淡化，將俗見淡化。

其實，曾氏的這兩個毛病，許多人身上都有，衹是表現程度不同而已。人在青少年、中年時，名心重可以促成事業，俗念重可以增強責任心，但一旦到了老年，氣血衰減、精力日弱，心有餘而力不足，再上層樓，衹能徒增苦惱，不如乾脆放下，淡然處置，聽天由命。但細繹『休預怕後來災禍』一句，除開一般人的心態之外，曾氏心裏可能還另有隱患：或是因爲過去帶兵打仗時殺人太多，當心怨魂難平；或是中年時期强梁剛烈，傷人太過，自心難安；或是政治鬥爭中爲情勢所逼陷人於阱，懼怕報復？總之，曾氏不是普普通通的人，他是深深卷入名利淵潭的弄潮兒，其胸中之萬千溝壑，自非常人所可窺測。

□在遺憾中告別人世

原文

早飯後清理文件。坐見之客五次，立見者一次。圍棋二局。閱《二程遺書》。中飯後，坐見之客二次。閱本日文件。小睡片刻。核科房批稿簿。是日，劉康侯搭輪船歸里。傍夕，小睡頗久。夜改信稿二十餘件。

二更五點睡。（同治十一年二月初一日）

余精神散漫已久，凡遇應了結之件，久不能完，應收拾之件，久不能檢，如敗葉滿山，全無歸宿。通籍三十餘年，官至極品，而學業一無所成，德行一無可許，老大徒傷，不勝悚惶慚赧。

晨起，書：『既不能振作精神，稍盡當爲之職分，又不能溘先朝露，同歸於盡，苟活人間，慚悚何極！』（同治十一年二月初四日）

評點

曾氏在同治十一年二月初四日下午去世。死後，朝廷贈予最高謚號『文正』，並輟朝三日。官場士林，一時間哀挽與稱頌並起，將他比之於諸葛亮、郭子儀、范仲淹、王陽明一類人物，譽之爲三代之後第一完人、萬古雲霄一羽毛。若從外間評價來看，做人做到曾氏這個份上，應是萬美兼備、了無遺憾。然而，這個被高高抬起的巨人，他對自己的看待却遠非如此。他其實對自己很不滿意，甚至很是遺憾。前一節我們説到曾氏晚年的日記多遺憾與追悔，這兩篇日記，一篇寫於曾氏去世前三天、一篇寫於去世當天。讀這兩篇日記，不僅再次感受到他的憾與悔，還能明顯感受到他的悲與哀。

曾氏説自己精神頹唐，應治之事多爲廢置。眼前的局面，好比『敗葉滿山，全無歸宿』。筆者每讀到這兩句話，心境立時變得一片悲哀。我們不妨設想一下：深秋初冬，山上林間，一眼望去，盡皆枯葉。這種局面，如何收拾，如何改變！這是個人的力量所完全做不到的，唯有上天重新啓動一個輪回：冬盡春來，萬物復蘇，敗葉化泥，新芽滿枝。這對於人類來説，象徵着老生命的死亡，祇能期待新生命的誕育。設身處地，爲一個老人着想，這是真正的悲哀！

曾氏離開人世前最大的遺憾是什麼？一是學業無所成，二是德行無可許。許多人可能認爲，曾氏有點矯情了。其實，這裏涉及的是一個尺度、一個標準的問題。若從普通標準來説，無論學業，還是德行，曾氏的成就都遠在一般人之上。若把尺度與標準提高，則曾氏的遺憾並非矯情。

曾氏曾經寫過一篇《聖哲畫像記》。文章中列舉三十二個聖哲，包括政治、經濟、學術、詩文諸多方面。顯然，這三十二人是曾氏心目中的榜樣，他希望自己能够成爲他們的後繼者。與這些人中的大多數相比，曾氏還是有距離的。從這個角度來看，曾氏有自知之明。其實，對於這一點，他同時代的人中也有敢説實話的，王闓運就是其中之一。在成百上千副頌揚曾氏的挽聯中，他所撰的挽聯就特別與衆不同：平生以霍子孟張叔大自期，异代不同功，戡定僅傳方面略；經學在紀河間阮儀徵之上，致身何太早，龍蛇遺憾禮堂書。王闓運説曾氏平生想做霍光、張居正那樣的宰相，但没做成，終其一生，祇不過一方面大員而已。他的經學研究原本高於紀昀、阮元，但可惜死早了，没有留下一部傳世

之作。

曾氏雖然有武英殿大學士之位，但他的確未做過真正的宰相，他祇是一個疆臣。曾氏雖號稱學問家，但他也的確没有一部學術專著。從這個角度來看，曾氏未能做到以首輔之位德化天下，也未能以不刊之作傳之後世，他嘆息自己『學業一無所成，德行一無可許』，雖苛嚴了點，但大致還是靠譜的。

有的讀者可能會説，曾氏有戰功呀，他的戰功放在中國歷史長河中，足可以置於前列。曾氏爲何不以此自慰呢？

的確，若將曾氏對太平天国的勝利，置於中國歷代平定內亂、重塑秩序的治亂史中，洵可與前代比美。但筆者注意到，自從同治三年六月大功告成後，曾氏幾乎不提這件事，仿佛這場大內亂的平息與他無關似的。這固然是出於堅守『功成身退』處世宗旨的原因，但更重要的是他從心裏就不認同戰功爲『功』。他多次説過打仗是造孽的事，是不得已而爲之的事。所以，古人所説的『三立』中的立功一項不應該包括戰功。我們細研他列的三十二個聖哲，其中就没有孫子、吳起、郭子儀、李光弼這一類人物。當我們挖掘出這一點後，是不是需要對曾氏有更高一層的認識？

悟道

曾氏是一個很看重『道』的人。『道』是什麽？這是一個很難説清楚的概念，所以老子説：『道之爲物，惟恍惟惚。』但中國古人的語境中却最喜歡用這個字。大致説來，『道』所指主要有兩個方面，一指規律、法則，一指方法、途徑。通過所經歷所看到的事物現象，去領悟其中所藴含的規律、法則，或去探索其中所啓示的方法、途徑，這是人類的一種高端思維。

這種思維，不是一般人都具有，祇有勤於思考、善於思索的人纔會去做；所思維的結果，有的或許就是人類文明的成果。領悟、探索很難，用準確簡潔的文字去把悟出來探出來的結果表述，也很難。蘇東坡説，許多東西他已了之於心，却不能達之於口。連蘇東坡都有這樣的遺憾，何况一般人？説不定就因爲此，人類許多領悟、探索出的東西没有記録下來傳播開去。而這些消失了的領悟與探索，其中説不定有許多真正的人生智慧。

在筆者看來，留傳下來的浩如烟海的書籍典册中，祇有記録對天地人生之道的領悟與探索，纔是最具廣泛長久意義的文字；其他的，則都有局部與時間的限制。

曾氏日記中記下了不少他的悟道。曾氏既勤於思索、善於思索，也有極高的文字表述能力。關於悟道的記録，應屬曾氏日記的最大特色，也是他的日記最具價值之處。

曾氏是一個大家公認的能幹人。承平時代，他把官做得好到堪稱完美。亂世到來，他則把轉型做到極致。他爲什麽能這樣厲害？除開早年的修身爲他夯下堅實的人格基礎外，他還有一套處世應事的

實際才幹。這種才幹的獲得，並非來自於天分，而是來自於他的苦思力索。他在這種苦思力索中悟出許多道理，探出許多路子。這些來自於實踐中的收穫，不僅成就了他的事功，也能給後人以實實在在的借鑒。

我們來看看他對高級官員的管理之道的思索。他説一個高級官員的要務在兩點，一爲求人，一爲治事。求人有四類，求之之道有三端。治事有四類，治之之道第一端是剖析。什麽是剖析？他説：『剖晰者，如治骨角者之切，如治玉石者之琢。每一事來，先須剖成兩片，由兩片而剖成四片，由四片而剖成八片，愈剖愈懸絶，愈剖愈細密，如紀昌之視虱如輪，如庖丁之批隙導窾，總不使有一處之顢頇一絲之含混。』世上的事，不論多麽巨大多麽復雜，這樣一分二、二分四地分下去，總可以變小變簡，就總可以找到解决它處置它的辦法。

在曾氏這種管理者的面前，世上還有難事嗎？

□世家之可貴者

原文

是日，余四十八生日。早，清理文件。凡賀生者皆辭謝。旋九弟來叙談。辰刻，至九弟營早飯，同坐爲郭氏叔侄、李小泉。巳刻歸，看《文選》各小賦。未初，九弟來，共飯。黄大令及總局送滿漢席。九弟登舟歸去，余送至舟中，營哨送者，爆竹甚多。夜温《臣工之什》、《閔予小子之什》。送九弟時，與之言所貴乎世家者，不在多置良田美宅，亦不在多蓄書籍字畫，在乎能自樹立子孫，多讀書，無驕矜習氣；又囑多習寸以外大字，以便寫碑版；又囑爲三女兒訂盟。（咸豐八年十月十一日）

評點

今天，曾氏迎來自己的四十八歲生日。此時的曾氏，身份非比一般，祝賀其生日者自然很多，曾氏采取一概辭謝的態度。對於這種態度，筆者深以爲然。當今社會，喜歡操辦各種慶典活動，這正是『浮躁』之病的一個主要表現。其實，這些慶典活動，絶大多數都没有什麽意義，反而是主客雙方都勞民傷財，爲害遠大於收益。

不過，生日這一天，家人、至親以及特别密切的朋友，小範圍地聚一聚，借這個機會叙叙親情友情，也還是一件好事。曾氏在這一點上也顯得通情達理。他接受九弟的邀請，到九弟的軍營吃早飯，

同座的爲好友姻親郭家叔侄與同年好友之子李瀚章。中午，九弟又來到大哥處共進午餐。飯後，曾氏親自將弟弟送到船上。一路上，大哥對兄弟説：世族之家之所以可貴的，不在於良田美宅多，也不在於儲藏的書籍字畫多，而在於長輩能爲子孫做榜樣，在於多讀書，没有驕傲自矜的習氣。

這一番話，是曾氏對世族大家身份的認定：不是錢多物多，而是家族中的人員優秀。這使我們想起近代大教育家蔡元培對大學的認定：不是有大樓，而是有大師。究其實，這是一個很簡單的問題：人是最重要的，還是物是最重要的，答案是明瞭的。可在現實中，這個問題的答案又常常被模糊，被混淆，甚至被顛倒。類似這樣的現象，人類社會時常發生。這就需要清醒人不斷地提示。

曾氏的這一番話，更是身爲大哥的他對九弟的婉轉批評。老九是一個很貪的人。他所繳獲的戰利品，都公開地毫無顧忌地運回家去。曾氏小女紀芬在其自訂年譜中説：『忠襄公每克一名城，奏一凱歌，必請假還家一次，頗以求田問舍自晦。文正則向不肯置田宅。』曾紀芬説得很明白，曾國荃（謚忠襄）每打下一座城池，必定要回家去買田起屋。所謂『以求田問舍自晦』者，純是侄女爲叔父的掩飾也。

老九的這種作爲，曾氏自然不贊成。衹是這個兄弟天性既强梁，且仗還得依靠他來拼着命去打，曾氏不能板着面孔教訓，衹能這樣旁敲側擊。當然，這番話對一貫我行我素的老九來説，基本上是没有什麽作用的。

□領悟天地萬物變化大道

原文

是日恭逢先妣江太夫人冥誕，五更二點起，備席行禮。禮畢，天明。江龍三旋來行禮祭席，即請劉兆龍、江龍三諸人。余以温弟之故，未與筵席。飯後清理文件。是日心緒極惡，以迪庵、温甫事久無確音。午刻，朱品隆來久談。渠請赴湖北一查，余止之。未刻寫信與希庵，查問諸事。申刻讀杜詩五言長排。夜讀《柳子厚文集》。目蒙特甚，夜不成寐，公憤私憂，展轉不能去懷。

因思邵子所謂觀物，莊子所謂觀化，程子所謂觀天地，生物氣象，要須放大胸懷，游心物外，乃能絶去一切繳繞鬱悒、煩悶不寧之習。

是日，接奉廷寄一道，因王春岩奏克復洋口，進規順昌，諭旨令余速行入閩，以便周天培還金陵。（咸豐八年十一月初三日）

評點

《易經》之所以被尊爲六經之首，依筆者看來，是因爲它最先記載人類對天地萬物變化的觀測。《易·豐卦》説得好：『日中則昃，月盈則食。天地盈虚，與時消息。』一切都在變化中，没有什麽能長盈不虚，也没有什麽會久消不息。在茫茫宇宙之間，萬物都不過瞬間存在。物化乃是其亘古不滅的天道。這篇日記中提到的邵雍、莊周、程頤、程顥都是參透此種天道的大哲人。其中『莊周化蝶』的故

事廣爲人知。莊子用一則小寓言，將這個天道表述得如此生動而傳神。智慧之高，不能不令我們佩服。

其實，對盈虚消息的認識，早在十多年曾氏就已經達到很高的層面，『求闕』之意識已在那時奠定基礎。今天之所以特别傷感，有兩個原因。一個是今天是母親七十四歲冥誕。母親撒手人世已六年多了，這六年來無論是家還是國都變化巨大。這種突如其來的劇變，足以讓身處變化中的曾氏感慨萬千。再則，曾氏身爲長子，在仕途順利的同時，他無可避免地缺失了對母親的孝順，這也足以讓深受儒家學説熏陶的曾氏抱憾不已。在母親生日的這個日子裏，曾氏的心自然難以寧静。另一個是二十多天前，湘軍精鋭之師李續賓部在安徽三河全軍覆没。曾氏胞弟國華身在其中，至今音信全無，雖未找到尸體，但兇多吉少。作爲湘軍統帥，六千多人的一支軍隊全軍覆没，這對他的事業打擊該有多大！作爲兄長，胞弟的生死未卜，他怎能不時刻惦念？曾氏的心，這種時刻無論如何安寧不下來。

懂得物化之道，並不意味着就能坦然接受自己的親人物化。曾氏不是聖賢，他雖然很早就讀通了聖賢之書，但在這樣一個特殊的日子裏，他的心緒不寧是可以理解的。他唯一能做的，是借聖賢的通達來對鬱悒煩悶儘量做一些排遣。

□對於『道』要做到真知篤信

原文

早，清理文件。飯後見客三次。與子序圍棋一局，中飯後再圍一局，接楊名聲專人來信，言温甫弟喪元，楊鎮南、張吟再去尋覓，渠一人先送靈柩回湖南，讀之悲不自勝，因批令一人先歸。

夜與子序邕叙，言讀書之道，朝聞道而夕死，殊不易易，聞道者必真知而篤信之。吾輩自己先不能自信，心中已無把握，焉能聞道？（咸豐九年二月初八日）

評點

三河之役過去將近四個月了，對於六弟國華（温甫）已經陣亡的事，曾氏在心裏早已接受了，所以看到派出尋覓的楊名聲的來信時，他並不太感到意外，衹是爲曾國華死得慘烈（頭都被人割去）而悲痛。因爲此，曾氏在日記中能安静地記下他與幕僚吴嘉賓（子序）的談話。吴此時雖是曾氏的幕僚，但他與曾氏是戊戌會試同年，自然與其他人在身份上有不同，能與曾氏較爲平等地暢談心聲。

『朝聞道，夕死可矣』，本是《論語》中孔子的話。孔子説，早上得知了道，即便是晚上死了也無遺憾。這話似應包含兩層意思。一爲生命是爲獲得真理而存在，一旦獲得真理，生命即可中止。二爲真理的獲取很難，如果獲得了，人生就該滿足了。今天在建昌軍營，曾氏與戊戌科進士同年吴嘉賓的談話，談到讀書求學問之事，認爲在此事上『朝聞道而夕死』很不容易做到。這是因爲聞道者一定要對『道』真正明白并且堅定相信，像我們這些人先就不能做到自己具有堅定的信心，心中没有把握，又怎麽能得到『道』呢？

曾氏這段話，其實説的是對所聞的『道』之本身是否『道』的懷疑：倘若所聞的『道』貌似『道』而實則不是『道』，夕死豈非不值？然而，若先抱有此懷疑之心，又怎麽可以得到『道』呢？

曾氏這幾句話頗有深意存焉。他説出一個成年人在讀書求學上的成熟與苦惱：既不容易輕信，也就不容易獲得真知。這話從另一側面啓示我們：少年時光是真正可愛的，少年時代也是真正值得珍惜的。

□胸襟廣大宜從平淡二字用功

原文

早，清理文件，會客一次。飯後會客六次。南豐潘令造炮車一具，殊不合用。核定各信稿。中飯後閲各文件。胡潤帥説帖一紙，言水師以四千人改爲陸兵，上下飄忽，使賊備多而力分。寫左季高信，添陳季牧信。

日來思胸襟廣大，宜從平淡二字用功。凡人我之際須看得平，功名之際須看得淡，庶幾胸懷日闊。（咸豐九年二月初十日）

評點

人人都想胸懷寬大，都不想做胸襟狹小的人，但苦於不知道怎麽纔能做到。這正好比是隔得遠遠地看到一個目標在那裏，却找不到通向目標的道路。曾氏的可貴之處，是他能找到道路，而他同時還把這條通道記下來，留給後人。要想胸懷寬廣，他尋得的道路是平淡二字。

平，人我之際要平，即是將自己與别人放在一個平等的位置上。佛學説衆生平等，歐洲文藝復興運動提出自由、平等、博愛，可見，『平等』與『不平等』是一個重大的社會問題。人類渴望平等，追求平等，但事實上人與人之間是不平等的。天賦有高低，能力有大小，怎麽可能平？儒家的禮治，其核心便在於以不平來治理社會。故而，人類所企盼的平等，實質上是人格的平等，人的生存和人的尊嚴的平等。一個人，不管你的能力多强，地位多高，一定要有在人格上與別人是平等的意識。反之，一個人不管多麽貧窮卑賤，心裏一定也要保存着與別人在人格上是平等的意識。若做到這點，無論强者還是弱者，都可以使自己胸襟寬闊。

淡，功名之際要淡。『功名』實際上是一個代表，它代表着人世間的權力、地位、財富、榮耀、美色、名聲等繁華濃艷，要把這一切看得淡薄。人活在世上，其本質上是一個個體生命存活在世界上，與生命緊密相連的纔是最重要的，而其他都是次要的。所以自古以來，人類就有『錢財乃身外之物』的認識，但一般人往往不能透徹地認識到這個真理，一輩子就爲身外之物而苦苦勞累。這實際上進入了誤區。看淡這些，人可以從誤區中走出，胸襟不爲繁華濃艷所堵塞所牽累，它自然也就清朗開闊了。

□孔子在平凡中顯偉大

原文

早，清理文件。飯後寫雪琴信一件，看信稿數件。見先鋒官三人。抄白綾記事。見客二次。中飯後習字二紙，温《史記》《田竇傳》、《韓安國傳》。夜眼蒙，不敢看書。

閲子序談『養氣章』末四節。言孔子之所以异於伯夷、伊尹者，不在高處，而在平處；不在隆處，而在污處。污者，下也；平者，庸也。夷、尹之聖，以其隆高而异於衆人也。孔子之聖，以其平庸污下而無以异於衆人也。宰我之論，堯、舜以勛業而隆，孔子以並無勛業而污。子貢之論，百王以禮樂而隆，孔子以並無禮樂而污。有若之論，他聖人以出類拔萃而隆，孔子以即在類萃之中，不出不拔而自處於污，以污下而同於衆人。此其所以异於夷、尹也，此其所以爲生民所未有也。（咸豐九年三月十六日）

評點

這一篇日記是曾氏重温《孟子》的讀書筆記。

孟子在《公孫丑》一章中，回答公孫丑問『孔子與伯夷、伊尹之間的差別在哪裏』時，引用宰我、子貢、有若三個人對孔子的評價。細讀《孟子》原文，似未見曾氏日記中所説的這層意思。應該説孔子勝過伯夷、伊尹者『不在高處而在平處』，是曾氏自己的見解。不過，曾氏的這個見解很有道理。

孔子出身底層，一生以教書爲職業，也没有做過多麽轟轟烈烈的事。孔子實際上是在平凡歲月中度過一生的。但他在一言一行、小事細節中，傳播並踐行着他的崇高的思想、博大的仁愛，於己學而不厭，於人誨人不倦。孔子是在平凡中成就偉大、在類萃中超然拔出的聖賢。

曾氏的這個見解值得重視。

□知命而心定

原文

早，清理文件。飯後見客三次，傳見哨官三人。接家信，澄侯一件，沅甫一件，係初八送紀壽信之回音。翻閱《四書》一遍。用白綾寫《論語》、《孟子》中最足警吾身者，約二十餘章。中飯後，習字二紙，温《滑稽傳》。夜温《大宛傳》，未畢。

思人心所以擾擾不定者，祇爲不知命。陶淵明、白香山、蘇子瞻所以受用者，祇爲知命。吾涉世數十年，而有時猶起計較之心，若信命不及者，深可愧也。（咸豐九年三月二十七日）

評點

曾氏在這篇日記中談到他的一個體悟：一個人如果他的心紛紛擾擾不能安定，那麼這個人是不知命。他從知命的角度來看待陶潛、白居易、蘇軾，並檢討自己時時存計較之心，是因爲對『知命』這一點相信得還不够。曾氏爲此感到慚愧。

命與運、性、理等等，都是高深難測的話題，要把它説清楚真是難於上青天。既然難以説清，也就難以做到『知』與『信』。

筆者愚陋，實在不能説清命，但相信命是存在的。命是什麼？筆者認爲，命就是指自己不能預知、不能掌控而又確確實實影響自己的那些因素及其它們的綜合。人生活在天地宇宙間，天地宇宙有無數的變故不爲我們所知，更不能受我們掌控，如地震如臺風如水災，假使正發生在我們的身邊，我們當身不由己。人也生活在社會群體中，社會群體有無數的變化不爲我們所知，亦不能由我們掌控，如戰爭如騷亂如瘟疫，假使正發生在我們的身邊，我們同樣身不由己。這些便都是命！當一個人這樣真正地認識了『命』之後，他就不會因自我不能預知的變動而懊惱，也不會因自我不能掌控的災難而痛苦，於是心就能够安定。宗教信仰者往往能處大變動中保持着恒定的情緒，是因爲他們心裏有一個『命』的認識。曾氏不是宗教信徒，但任何真正的大學問在最高點上一定是相通的。孔子曰『道不行，乘桴浮於海』，老子曰『道法自然』，儒道之學與宗教之學一樣，最後都指向同一方位。

但是，『命』這個課題決不是如此簡單的。人畢竟是萬物之靈，他可以預知與掌控着人生的某些部分，這些部分便屬於人力。而『人力』所掌管的部分與『天命』所掌管的部分常常是界限難分，你中有我，我中有你。這給辨識帶來了很大的麻煩，人類也便在此課題上常常出現疑惑、迷茫。曾氏亦如此。他在《言命》的讀書筆記中説：『孟子言治亂興衰之際，皆由人事主之，初不關乎天命……董子亦曰治亂廢興在於己，非天降命不可得反，與孟子之言相合。孔子曰天生德於予，桓魋其如予何……亦似深信在己者之有權，然鳳鳥不至河不出圖，有「吾已矣夫」之嘆，又似以天命歸諸不可知之數。』最後祗能概之曰：『天命爲難測，聖賢之言微旨不同，在學者默會之焉耳。』

不過，曾氏還是得到了此中的真諦。他常説的『天命居半，人力居半』，應是對『天命』與『人力』孰輕孰重的很好概括。

□一篇情緒傷感的日記

原文

早，清理文件。飯後見先鋒官三人。寫張小浦信，改信稿五件。接何廉昉信，寫作俱佳，依戀之意，溢於言表，才士不遇，讀之慨然。倦甚小睡。剃頭一次。中飯後習字二紙。溫《貨殖傳》畢。夜接孫芝房信，告病體垂危，托以身後之事，並請作其父墓誌及刻所著詩十卷、《河防紀略》四卷、散文六卷；又請邵位西作墓誌，亦自爲手書別之，托余轉寄。又接意城信，告芝房死矣。芝房於去歲六月面求作其父墓表，余已許之。十一月又寄近作古文一本，求余作序。余因循未及即爲，而芝房遽歸道山，負此良友，疚恨何極！

芝房十三歲入縣學，十六歲登鄉舉，廿六歲入翰林，少有神童之目，好學勵品，同輩所欽。近歲家運極寒，其胞弟鰲洲主事、叔孚孝廉相繼下世，又喪其長子，又丁母憂，又喪其妻，又喪其妾，皆在此十年之內。憂能傷人，遂以隕生。如此美才，天不假之以年俾成大器，可悲可憫！因憶道光二十八年劉菽雲將死之時，亦先爲一書寄京以告別，請余爲作墓誌。凡內傷病，神氣清明不亂，使生者愈難爲情耳！（咸豐九年三月三十日）

評點

當年寫這篇日記的時候，曾氏心情一定十分傷感，因爲日記中提到的三個人，都是才高而命不濟。

他一早接到過去京師時的朋友何栻（廉昉）的來信。何栻是比曾氏晚一屆的進士，詩文書法都令曾氏佩服。咸豐六年剛到江西建昌任知府，不料便丟失城池，妻、女與侄兒均死難，本人也遭革職處分。他下死決心要報仇，朝廷也就給他官復原職。原本就是惺惺相惜的好友，現在又同在江西，關係自然非比一般。

咸豐八年除夕，何栻憂時傷世，給曾氏寄來他一口氣寫的十六首七律。這十六首律詩情感濃郁，才識並茂，受到曾氏的高度贊賞，並因此而在幕府中引起衆僚友的共鳴。我們來看看咸豐九年正月二十九日，曾氏在日記中關於此事的記載：『未刻，作七律五首，和何廉昉詩，次韵。同和者爲李次青、吳子序、甘子大、許仙屏數人，而王霞軒、鄧彌之、何敬海等亦將和之。余因見廉昉詩才軒舉，所著駢文、樂府皆有可觀，憫其闔家殉節，因欲和詩一二章，以慰勞之，本無意次韵也。子序、次青諸君皆次其韵，余亦遂勉爲之。』這麼多人來參與和詩，這是軍營中不多見的文雅之事。剛經歷過三河慘案的湘軍最高統帥部，其實還沒有從雪上加霜的不利形勢的陰影中走出來。曾氏在後來的兩天中終於將十六首和詩全部吟成。三天之內和詩十六首，這是曾氏從戎以來所未有過的事。吟詩唱和，固然是文人之愛好，但更重要的是，曾氏和他的幕僚們或許是想借此來抒發一下久抑於胸的鬱悶，以及瞻望前途時的迷惘。

我們僅選抄何氏與曾氏二人所吟的第一首，便可以强烈地感受到這一點。何栻：『後有壬年自此開，君看臘去春又回。長松骨立寒能敵，宿草心生土不埋。華實榮枯原氣數，風霆喜怒報栽培。明夷自是箕文事，何用邅屯養菲材。』曾國藩：『域中哀怨廣場開，屈宋而還第二回。幻想更無天可問，牢愁寧有地能埋。秦瓜鈎帶何人種，社櫟支離幾日培。大冶最憎金踴躍，那容世界有奇材。』

聯想到曾氏出山八個年頭來，荆天棘地，困難重重，而朝廷居然一直將他客寄虛懸，不授地方實職，『大冶』云云，哪裏是對何杖的憫慰，完全是他心腔裏滴出的血、眼眶裏流出的泪！

日記接下來寫到他從郭崑燾的信中，得知孫鼎臣（芝房）去世的消息。孫鼎臣，湖南善化人，自小有神童之稱，道光二十五年，朝考（翰林院考試）第一名。這一届長沙府中式八人，連同祖籍醴陵的貴州黄氏叔侄，一共十人考中進士，其中蕭錦忠爲狀元，孫鼎臣爲朝元，周壽昌爲南元。曾氏爲此撰聯爲：同科十進士，慶榜三名元。在千年科舉考試中，這大概是長沙府最出風頭的一届。這樣一個才華過人的神童，本應該有出類拔萃的作爲，却不料官秪止於從五品的侍講，政事與學問上也並無多大建樹，而更令人同情的是十年間連喪至親六人。孫鼎臣受不了如此大的打擊，竟然去世於正當壯年的四十歲！曾氏想起這兩年來孫鼎臣求他爲其父作墓表、爲其文章作序的事，心裏傷感不已。又由孫而想起十一年前去世的好友劉傳瑩（荻雲）來。同樣是才學超衆，同樣死前托曾氏爲其著作寫序，同樣英年早逝（劉去世時纔三十歲）。曾氏這一天該有多傷感！

何、孫、劉三人都是當時的人中精英，都有才學，都有抱負，也都早達，但同時也都没有做出什麼成就來。由此可見，一個人要做出公認的成就，該有多難！同樣的道理，倘若做出成就，也並非就是自己的一人之功，這裏面還有不少『命』的因素在聯合起了作用。所以，即便做出很大成就的人，也無需過於自我矜夸。

□古人胸次瀟灑曠遠毫無渣滓

原文

早，清理文件。飯後看掛扁等事，見客二次，核信稿數件。

中飯後熱極，因讀東坡『但尋牛矢覓歸路』詩，陸放翁『斜陽古柳趙家莊』詩，杜工部『黄四娘家花滿蹊』詩，念古人胸次蕭灑曠遠，毫無渣滓，何其大也！余飽歷世故，而胸中猶不免計較將迎，又何小也！沉吟玩味久之，困倦小睡。

酉初，何廉昉來，久談，因爲余診脉，言須服燕菜，以滋陰補水。夜與二李久談。是日巳正出門拜何廉昉、雷西垣二處。（咸豐九年四月十七日）

評點

曾氏日記中記的三句詩，分别出自蘇東坡《儋耳四絶句》：『半醒半醉問諸黎，竹刺藤梢步步迷。但尋牛矢覓歸路，家在牛欄西復西。』陸放翁《小舟游近村舍舟步歸》：『斜陽古柳趙家莊，負鼓盲翁已作場。死後是非誰管得，滿村聽説蔡中郎。』杜甫《江畔獨步尋花》：『黄四娘家花滿蹊，千朵萬朵壓枝低。留戀戲蝶時時舞，自在嬌鶯恰恰啼。』

這三首出自大家之手的詩作，曉暢明白，通俗易懂，不像是在做詩，如同説話一般，尤其像『但尋牛矢覓歸路』，更好比是農夫口裏説出的話，但仔細咀嚼，又覺意蕴無窮。又如『斜陽古柳趙家莊』

『黃四娘家花滿蹊』，畫面生動，色彩明麗，詩如脱口而出，情景却長留讀者腦中。

詩寫到這等地步，一是作者本人的寫作技巧已入化境，眼中之物即景，口裏所誦即句，隨手拈來，皆成佳作。二是作者胸襟灑脱，一派天真，無須任何掩飾雕琢，吃喝拉撒，家長里短，皆可入詩。王國維論詞有隔與不隔，這種詩就是不隔之詩。如『池塘生春草』，如『高臺多悲風』，將眼中所見隨口説出，便成千古名句。這正是詩詞中的上品。

曾氏讀蘇、陸等人的詩，借以洗滌自己的胸次。當然，我們於此也可以看出，曾氏胸襟缺乏蘇陸等人的澄明。這固然出於天賦之不同，也因爲曾氏在社會舞臺上扮演的角色大不同於東坡、放翁等人。筆者曾説過，曾氏是一個胸中有着萬千溝壑的人。他對『但尋牛矢覓歸路』這樣的詩如此贊賞，而自己却不能寫出，即屬一例。

□一定之風格

原文

早，清理文件。飯後見客四次，傳見振字營哨官三人，核信稿數件。温《孝景紀》、《孝武紀》未畢。未正請客，何廉昉、雷西垣、曾佑卿三人。飯後，至晚霞樓看雨，酉正散。夜習字二紙，洗澡一次。

觀何廉昉書扇頭小字，倜儻權奇，自成風格。余年已五十，而作書無一定之風格，屢有遷變，殊爲可愧。古文一事，寸心頗有一定之風格，而作之太少，不足以自证自慰。至於居家之道，治軍之法，與人酬應之方，亦皆無一定之風格。《傳》曰：『君子也者，人之成名也。』又曰：『君子成德之稱。』余一無所成，其不足爲君子也，明矣。

是日，接湖南信，賊竄新寧，恐江忠烈家不免於焚掠，心極懸懸。（咸豐九年四月十九日）

評點

由何栻小字自成風格，聯想到自己的字無一定風格，還由此想到居家、治軍及與人應酬等都無一定風格，對於古文，雖心裏已存有一定的風格，但作品太少，不足以將心裏的定格體現出來。我們於此可見曾氏對於一定之風格的看重。

什麽是一定之風格？同治五年十月曾氏在給兒子的家信中説：『凡大家名家之作，必有一種面貌一種神態，與他人迥不相同，譬如書家，羲、獻、歐、虞、褚、李、顔、柳，一點一畫，其面貌既截然不同，其神氣亦全無似處。』『詩文亦然，若非其貌其神迥絶群倫，不足以當大家之目。』

所謂一定之風格，即形神兩者都有自己的特點，與別人絶不相同。曾氏既然看重這點，他自己也便致力打造與別人不同的風格。即就書法而言，曾氏越到晚年，其書法越自成一格。以筆者看來，陡削勁拔，應是曾氏書法風格的主要特點。

□天道三惡人道四知

原文

早，出城，至九弟營中早飯。飯後至朱唐兩營、岳字兩營、振字營、護衛軍送行，午正歸。見客二次。中飯後見客二次。與星房前輩久談。作『禫服文』一首，定禫服禮儀注。沅弟來，明早共設祭，行釋服禮也。

夜與沅弟論爲人之道有四知，天道有三惡。三惡之目曰天道惡巧，天道惡盈，天道惡貳。貳者，多猜忌也，不忠誠也，無恒心也。四知之目，即《論語》末章之『知命』、『知禮』、『知言』，而吾更加以『知仁』。

仁者恕也，己欲立而立人，己欲達而達人，恕道也。立者足以自立也，達者四達不悖，遠近信之，人心歸之。《詩》云：『自西自東，自南自北，無思不服。』《禮》云：『推而放諸四海而準，達之謂也。』我欲足以自立，則不可使人無以自立；我欲四達不悖，則不可使人一步不行，此立人達人之義也。孔子所云『己所不欲，勿施諸人』，孟子所云『取人爲善，與人爲善』，皆恕也、仁也。知此，則識大量大，不知此則識小量小。故吾於三知之外，更加『知仁』，願與沅弟共勉之。沅弟亦深領此言，謂欲培植家運，須從此七者致力也。（咸豐九年五月初八日）

評點

要説悟道，曾氏在這篇日記中所悟出的是真正的大道與要道。《尚書·泰誓》説：『天視自我民視，天聽自我民聽。』所以，天道其實就是百姓之道、社會之道、群體之道。曾氏認爲，這個道厭惡三種現象：一厭惡乖巧、二厭惡盈滿、三厭惡不忠誠。

關於這方面，咸豐八年正月初四日，曾氏在致九弟沅甫的信中提到：『近日憂居猛省，一味向平實處用心，將自家篤實的本質還我真面，復我固有。賢弟此刻在外，亦急須將篤實復還，萬不可走入機巧一路，日趨日下也。縱人以巧詐來，我仍以渾含應之，以誠愚應之，久之則人意也消。』曾氏還提出『拙誠』的理念，認爲天下之至拙可勝天下之至巧，天下之至誠可勝天下之至僞。

他在同治元年五月十五日致沅、季信中説：『日中則昃，月盈則虧，吾家亦盈時矣。管子云斗斛滿則人概之，人滿則天概之。余謂天之概無形，仍假手於人以概之。』同治二年正月十八日又致沅弟：『平日最好昔人「花未全開月未圓」七字，以爲惜福之道保泰之法莫精於此，曾屢次以此七字誡春霆，不知與弟道及否？』在《求闕齋記》中，曾氏寫道：『若國藩者，無爲無猷而多罹於咎，而或錫之福，所謂不稱其服者歟？於是名其居曰「求闕齋」。凡外至之榮，耳目百體之者，皆使留其缺陷。禮主減而樂主淫。樂不可極，以禮節之，庶以制吾性焉，防吾淫焉。若夫令問廣譽，尤造物所靳予者，實至而歸之，所取己貪矣，況以無實者攘之乎？行非聖人而有完名者，殆不能無所矜飾於其間也。吾亦將守吾闕者焉。』

筆者所以要羅列這些，意在讓讀者更多地瞭解曾氏所悟出來的天道三惡。

巧能使人少花力而多得利，故世人都願巧。但巧之過多，則成取巧、乖巧、機巧，逐漸脫離『實』這個立身之本。人性貪婪，故求盈餘、盈滿。其實，盈餘無止境，盈滿更是違背自然法則。世事紛紜誘惑亦多多，人世就難得專一，而專一纔是成事的要訣。《尚書·大禹謨》說：『人心惟危，道心惟微。惟精惟一，允執厥中。』之所以被後人視為十六字心傳，就在於它揭示了人性與社會性的真諦。

因為巧能一時得便捷，盈能一時多獲利，貳能一時處逢源，人便極易陷於巧、盈、貳之中，不能自拔。但從長遠來看，巧、盈、貳將會帶來更大的不利。故而哲人們會在不同的場合，用不同的方式來提醒大家從一時的滿足中跳出來，不要舍本求末，棄正趨斜。曾氏用天道惡巧、天道惡盈、天道惡貳來表述，與前賢說法或許略有不同，其宗旨則是一樣的。

所謂人道，即人的立身之道，曾氏提出四知，即知命、知禮、知言、知仁。前『三知』出自《論語》：『孔子曰：不知命無以為君子，不知禮無以立也，不知言無以知人也。』這『三知』以現代語言來表述，即不懂得命運則不可能作為君子，不懂得禮儀則不可能立足於社會，不懂得理解別人說的話則不可能去識別人。知命者能對人世持通達的態度，即努力去求取更好，又不過於固執（《論語》：『子絕四：毋意、毋必、毋固、毋我。』），這種人具備社會精英的素質。人類社會依靠禮來維係，所以必須知禮，否則在社會上寸步難行。人與人之間的交往，主要靠語言來溝通。但人說的話有深有淺、有真有假、有虛有實、有直有曲，理解、辨識起來頗不容易。倘若不能很好地去知會一個人說的話，也就談不上去認識一人個了。因為此，孔子認為知命、知禮、知言這三條很重要，這是一個出入社會的人所必須具備的基本能力。

在『三知』之後，曾氏再加上知仁一條。關於這一條，他有很多的詮釋。他在晚年時，預先給兩個兒子留下四條遺囑，其中第三條即『求仁則人悅』。全文如下：『凡人之生，皆得天地之理以成性，得天地之氣以成形。我與民物，其大本乃同出一源。若但知私己而不知仁民愛物，是於大本一源之道於悖而失之矣。至於尊官厚祿，高居人上，則有拯民溺救民飢之責。讀書學古，粗知大義，即有覺後知覺後覺之責。若但知自了而不知教養庶匯，是於天之所以厚我者辜負甚大矣。孔門教人，莫大於求仁，而其最切者，莫要於欲立立人、欲達達人數語。立者自立不懼，如富人百物有餘，不假外求；達者四達不悖，如貴人登高一呼，群山四應。人孰不欲己立己達，若能推以立人達人，則與物同春矣。後世論求仁者，莫精於張子之《西銘》。彼其視民胞物與，宏濟群倫，皆事天者性分當然之事。必如此，乃可謂之人，不如此，則曰悖德，曰賊。誠為其說，則雖盡立天下之人，盡達天下之人，而曾無善勞之足言，人有不悅而歸之者乎？』

這是一段極為精闢的文字，是典型的曾氏論文風格。短短的兩百多字，將人為什麼應當『仁』以及如何去為『仁』談得透徹明瞭。一個人若具有孔子所說的『三知』及曾氏所說的『知仁』，則真可以行走於五湖四海而無障礙。

□以仁和禮管理軍隊

原文

早，清理文件。飯後與子序圍棋二局，傳見升字營哨官二人。天大雨如注，通屋漏濕。念景德鎮官軍太苦，彷徨難安。閱《梅伯言文集》。中飯後又圍棋一次。寫掛屏八幅，其四幅係曾祺所求，頗得意也。接九弟廿八夜信。寫家信，澄侯一件、叔父一件、夫人一件，三共約千餘字，至夜畢。

與何竟海談帶勇之法：用恩莫如仁，用威莫如禮。仁者，即所謂欲立立人，欲達達人也，待弁勇如待子弟，常有望其成立，望其發達之心，則人知恩矣。禮者，即所謂無衆寡，無小大，無敢慢，泰而不驕也；正其衣冠，尊其瞻視，儼然人望而畏之，威而不猛也；持之以敬，臨之以莊，無形無聲之際，常有凛然難犯之象，則人知威矣。孟子曰：『君子以仁存心，以禮存心。』守是二者，雖蠻貊之邦可行，又何兵勇之不可治哉？

夜，朗誦《赤壁賦》，至三更止，若有會者。（咸豐九年六月初四日）

評點

對軍隊的管理，曾氏提倡用恩莫如仁，用威莫如禮。這是曾氏一個很重要的管理思想。

恩惠與仁愛，有相似之處，更有不似之處。獎賞、提拔、表彰，更多地體現爲恩惠。諄諄引導，創造條件，使之順利成長，鑄爲人才，則更多地體現爲仁愛。仁愛，是更大的恩惠，更長久的恩惠，更深厚的恩惠。仁愛，是替部屬一輩子着想，猶如父母之於子女，師長之於學生。

威嚴與禮法，也有相似之處，更有不似之處。威嚴是靠嚴厲的手法使人畏懼，禮法是靠依據禮儀法度而樹立的威望使人心生敬服。帶兵的將領，容易借軍營的嚴格制度而濫施個人的威嚴，收到的效果是口服而心不服，其成效難以持久。真正優秀的將官，應以身作則，嚴守法度，使人凛然難犯。

人們常説管理者當恩威並重。恩者，給人以甜頭；威者，使人畏懼。曾氏倡導以『仁禮』代替『恩威』。就其本質來説，並没有什麽改變，還是一哄一打的事，衹是在層級上有所不同。然而，層級與境界同義，層級相差到一定程度，其境界就明顯不同了。所以，就其實質而言，是以『恩威』治理，還是以『仁禮』治理，體現的是管理者的境界高下。

□持之以恒

原文

早，清理文件。飯後見客三次。寫大字十個，皆徑五六尺不等。天大雨，無少歇，煩悶之至。午後小睡，中飯後復睡。日内似瘧非瘧，似病非病，常覺不自振作，一切煩怠。夜，寫九弟信一件。

閲《日知録·易經》，有曰《易》六十四卦、三百八十四爻，一言以蔽之，曰不恒其德，或承之羞。讀之不覺愧汗。（咸豐九年六月初十日）

評點

曾氏讀顧炎武《日知録》中關於《易經》的一句話：『《易》六十四卦三百八十四爻，一言以蔽之，曰：「不恒其德，或承之羞」。』他讀後有慚愧出冷汗的感覺。

『不恒其德，或承之羞』一語出自《易經》中《恒卦》的九三爻辭：『不恒其德，或承之羞，貞吝。』本爻的《象辭》予以解釋：『不恒其德，無所容也。』

《恒卦》講的是持之以恒的道理。九三爻辭所説的『不恒其德，或承之羞』，意謂如果不能將好的德性持之以恒，說不定會蒙受羞恥。《象辭》則更進一層了，說如果不持之以恒，則將無所容於社會。可見，《易經》非常看重恒。

曾氏早期的修身活動中，曾經有一個主要內容，那就是要有恒。並爲此作《有恒箴》：『自吾識字，百歷及茲，二十有八載，則無一知。曩者所忻，閲時而鄙。故者既拋，新者旋徙。德業之不常，日爲物遷。爾之再食，曾未聞或愆。黍黍之增，久乃盈斗。天君司命，敢告馬走。』

『恒』之所以爲人生之大事，其源有二。一則人皆喜新厭舊，且急功近利，這兩大毛病使得人難以長久地對一件事情保持高昂的熱情。二則在任何一件事上，如果想要超出一般獲取卓越，又非得長久地堅持下去不可。有此兩者，所以『恒』極爲可貴，顧炎武甚至以此來作爲被人視爲高深莫測的《易經》的簡約概括。

曾氏知道『恒』之重要，也嚴格要求自己『有恒』，但人非聖賢，豈能事事都有恒，故而他爲之羞愧。

□樹人之道：知人善任、陶熔造就

原文

早，清理文件。寫家信一件，寄參茸丸二瓶，每瓶重八兩，一寄叔父大人，一寄內子，特派戈什哈送去。旋以蕭營飭知尚未辦齊，改次日送去。請客，雪琴及王孝鳳兄弟、張廉卿小宴，恰劉國斌自常德歸，與座。午正小睡。中飯後寫對聯、掛屏八件，內次青之母夫人壽聯一付。

夜與李申夫論營務處之道，一在樹人，一在立法。有心人不以不能戰勝攻取爲恥，而以不能樹人立法爲恥。樹人之道有二：一曰知人善任，一曰陶熔造就。申夫似能領悟，蓋高明而有志於辦事者。

（咸豐九年九月初六日）

評點

四川劍州人李榕（字申夫）與曾氏關係密切。曾氏頗爲欣賞李，他的文字中常常會提到申夫。譬如有次給家裏寫信，告訴家人要善待鄰里，便引用李榕母親說的兩句話：『好酒好飯待遠親，火燒盜搶喊四鄰。』當然，這兩句話是聽李說的。由此可見，曾氏與李的關係不一般。李榕是道光二十七年的進士，後任禮部主事，應屬曾氏在京時的屬下。咸豐九年正月，曾氏向朝廷請求調郭嵩燾、李榕來軍營：『道銜翰林院編修郭嵩燾，學識兼優，曾在臣營三年，備嘗艱苦。禮部主事李榕，通達時務，志趣遠大。合無仰懇皇上天恩，飭下部院衙門，令該二員馳赴臣軍，俾臣得收指臂之效，似於營務大有裨益。』結果朝廷祇答應李榕一人離京赴任。曾氏很看重李，讓李這個文職官員統領一支軍隊，并親授營務管理之道。

在曾氏看來，一仗一地的勝負得失，對於帶兵統領來說不是最主要的，最主要的是：一在樹人，二在立法，也就是說一在培植人才，二在建立法規制度。人與法，這才是根本與長遠。有了人才，有了法規，還愁不打勝仗嗎？對於怎樣培植人才，曾氏也提出了兩點：一爲知人善任，即正確地識別人的長處，並將此人放在合適的崗位上；二爲陶熔造就，即對待人才要多關懷多教育多栽培。『宏獎』是曾氏陶熔造就人才的一條重要措施。他說：『余所見將才，杰出者極少，但有志氣，即可予以美名而獎成之。』（同治五年九月初九日諭紀澤紀鴻）給予美名而獎成之，即謂宏獎。他説宏獎人才，誘人日進，這是他的樂趣。

□天道惡好露

原文

早，各員弁賀朔望，至辰正畢。飯後寫家信二件。午刻加袁漱六信三葉、郭世兄信一葉，專二夫送家信。申刻接九弟信，係八月廿八所發。見客二次。清理文件。是日身體欠爽，不食油葷。夜温《韓宏碑》，甚覺清暢。

三更睡。竟夕不能成寐，在床上展轉。思念天道三惡之外，又覺好露而不能渾，亦天之所惡也。思《書經·吕刑》，於句法若有所會。（咸豐九年九月十五日）

評點

中國文化是一個内斂的文化：含蓄蘊藉，不事張揚。莊子云『天地有大美而不言』，説的就是這個意思。中國文化也是一個圓融的文化：大度包容，不走極端。《易·繫辭》云『極高明而道中庸』，即是此意。在此基礎上，曾氏提倡『渾』，將它列爲君子八德之一。

什麽是渾？曾氏曾經認爲兒子紀澤過於玲瓏剔透，這不好。曾氏對李榕説過：『是非瞭然於心而一毫不露。』他在日記中還寫過『謙卑含容是貴相』等等。我們從這些話語中，可以感悟到『渾』的

含意：不要過於乖巧、機靈、精明，聰明才華不宜外露，喜怒哀樂不形於色等等。

『渾』是一個很高的境界，已走進智慧領域，所以很難以言語來精確説明白，更難立什麽規矩法則以便具體操作，全在於運用者的把握：若把握得適度，可以成爲美德；若把握不好，則易流向圓滑。曾氏生前死後，都有人斥其虚僞，這與他提倡『渾』並常常以『渾』待人不無關係。

□凉德三端：幸灾樂禍、不安命、好議論

原文

早，清理文件。辰後習字二紙，邢星槎、孫樹人、夏古彝來久談。旋下河與晏彤甫談。至未刻，又拜張伴山、李小山，申正歸。是日將帳房下脚築墻三尺餘高，帳房升高約三四尺，衆役興作。吾至少泉處，與邢、孫、夏三人圍談，至二更二點，倦甚。日内精神困倦，腹泄、目蒙，老境日增。夜，早睡，不得與諸客劇談也。

枕上，思凡人凉薄之德，約有三端，最易觸犯：聞人有惡德敗行，聽之娓娓不倦，妒功而忌名，幸灾而樂禍，此凉德之一端也；人受命於天，臣受命於君，子受命於父，而或不能受命，居卑思尊，日夜自謀置其身於高明之地，譬諸金躍冶而以鏌鋣、干將自命，此凉德之二端也；胸苞清濁，口不臧否者，聖哲之用心也，强分黑白，遇事激揚者，文士輕薄之習、優伶風切之態也，而吾輩不察而效之，動輒區別善惡，品第高下，使優者未必加勸，而劣者幾無以自處，此凉德之三端也。余今老矣，此三者尚切戒之。（咸豐九年九月二十日）

評點

白天會客說話太多，又腹瀉身體不適，曾氏夜裏早睡，但又不能入睡，於是在枕上想到人性普遍存在的三個弱點。

一爲幸災樂禍。得知別人遇到不幸不順時，自己心裏暗暗歡喜。曾氏認爲，這種源於忌妒而產生的凉德最是不好。忌妒真的是人性的一大醜陋，有的人不僅是心裏歡喜別人的不幸，甚至以行爲來造成別人的不幸。人世間許多的罪惡，溯其根源，就是出於忌妒。

曾氏曾經寫《不忮不求詩二首》，其《不忮（即忌妒）詩》如下：

善莫大於恕，德莫凶於妒。妒者妾婦行，瑣瑣奚比數。己拙忌人能，己塞忌人遇。己若無事功，忌人得成務。己若無黨援，忌人得多助。勢位苟相敵，畏逼又相惡。己無好聞望，忌人文名著。己無賢子孫，忌人後嗣裕。爭名日夜奔，爭利東西騖。但期一身榮，不惜他人污。聞災或欣幸，聞禍或悅豫。問渠何以然，不自知其故。爾室神來格，高明鬼所顧。天道常好還，嫉人還自誤。幽明重詬忌，乖氣相回互。重者災汝躬，輕亦减汝祚。我今告後生，悚然大覺寤。終身讓人道，曾不失寸步。終身祝人善，曾不損尺布。消除嫉妒心，普天零甘露。家家獲吉祥，我亦無恐怖。

曾氏爲兒孫輩寫這首詩，希望他們不要存忌妒之心。

二爲不安命。關於『命』，前面已說過。人要知命，知命之後則要安於命運。不過，『命』是一個較玄虛的概念。一個人的『命』到底如何，誰也不能預先說死；既然如此，安於什麽狀態，纔叫做安命呢？况且，曾氏也多次說過，人生做事，半由人力，半由天命。人力可以占一半，爲什麽不充分利用這一半呢？以筆者揣測，曾氏在這裏是批評社會普遍存在的浮躁競進之心態：不切實際地去幻想，不擇手段地去攫取。

三爲好議論。其實，議論並非不好。辨別是非，激濁揚清，從來都是人類社會所需要的。這裏主要的問題是存心的正與不正，以及尺度的掌控當與不當。存心不正者，借議論來打擊別人抬高自己；掌控不當，則所議偏離軌道，效果適得其反。曾氏所處時代，不少文人喜歡議論，有的居心不正，有的評議失範，他對此種現象頗爲厭惡。他曾經說過這樣的話：『近來書生侈口談兵，動輒克城若干，拓地若干，此大言也。又好攻人之短，輕詆古賢，苛責時彥，此大言也。好談兵事者，其閱歷必淺；好攻人之短者，其自修必疏。』看來，曾氏說的『好議論』這一凉德，很可能是基於此種風氣的彌漫而發。

□君子三樂：讀書、宏奬、勤勞而後憩息

原文

早，陪邢星槎、孫樹人、夏古彝早飯後，會客鄒資山，巳正客散。接家信，澄弟、沅弟、季弟各一件。又見客三次。中飯後溫《史記·晉世家》十三葉。是日午刻小睡。戌刻接胡中丞信，內附左、季、錢諸信，知耆九峰調廣東，羅淡村調浙江各巡撫。又知九弟於十六日自長沙起行矣。

夜思君子有三樂：讀書聲出金石，飄飄意遠，一樂也；宏奬人材，誘人日進，二樂也；勤勞而後憩息，三樂也。吾於五月八日告沅弟有天道三惡、人事四知之說，茲又有凉德三端、君子三樂之說，

若能身體而力行之，庶乎其免於大戾矣。（咸豐九年九月二十一日）

評點

曾氏這段時間對人性與社會性的思索興致極高，昨夜想到涼德三端，今夜又想起君子三樂。

關於『君子三樂』，最著名的應是孟子所說的：『君子有三樂，而王天下不與存焉。父母俱存，兄弟無故，一樂也。仰不愧於天，俯不怍於人，二樂也。得天下英才而教育之，三樂也。君子有三樂，而王天下不與存焉。』

孟子的三樂：一樂在天倫齊全，二樂在心靈乾淨，三樂在教育後生。孟子一再申明『王天下』這種巨大的事功成就並不在『樂』之中。孟子的『君子三樂』，實際上彰顯的是孟子的精神境界與價值追求。他的快樂與世俗的快樂有着極大的不同。

以大聲誦讀詩文爲樂，以引導人上進爲樂，以辛勞工作而後的放鬆休息爲樂，這『三樂』也同樣彰顯了曾氏的精神境界與價值追求，與世俗的吃喝玩樂之『樂』也有很大的分野。

□人才靠教育與引導

原文

早，清理文件，飯後閲《荀子》四篇，至申初畢。旋寫家信，澄侯一件、紀澤一件。夜閲《文選》《運命論》、《辨亡論》。眼漸作疼，不敢多看，早睡。

是日，與李申夫言人才以陶冶而成，不可眼孔太高，動謂無人可用。與彭九峰言嘉字營，責成渠

督教之。

是夜，思孔子所謂『性相近，習相遠』、『上智下愚不移』者，凡事皆然。即以圍棋論，生而爲國手者，上智也；屢學而不知局道，不辨死活者，下愚也。此外，則皆相近之資，視乎教者何如。教者高則習之而高矣，教者低則習之而低矣。以作字論，生而筆姿秀挺者，上智也；屢學而拙如薑芽者，下愚也。此外，則皆相近之資，視乎教者何如。教者鍾、王，則衆習於鍾、王矣；教者蘇、米，則衆習於蘇、米矣。推而至於作文亦然，打仗亦然，皆視乎在上者一人之短長，而衆人之習隨之爲轉移。若在上者不自咎其才德之不足以移人，而徒致慨上智之不可得，是猶執策而嘆無馬，豈真無馬哉！（咸豐九年九月二十四日）

評點

在前次與李榕的談話中，曾氏談到人才要靠陶熔造就，這次他又跟李談起這個話題。其原因，或許是李對曾氏説過人才難求一類的話。進士出身的外放京官，通常的毛病是眼高手低，自視高，對人要求也高，實際操作能力低，應變才幹低。初出京師的李申夫大概也屬於此類，故而曾氏再次跟李談人才的培育問題，告誡李衡人時眼界不能太高，動不動就説沒有人可以用。曾氏並就這個問題作了形而上的思考。

依據孔子『性相近，習相遠』及『上智下愚不移』之説，曾氏認爲，人有天賦的上智與下愚，但這兩者的數量都不多，絕大多數人介於兩者之間，中間部分的走向取決於教育與引導，而在上者即領

導者則負有教育與引導者的責任。若領導者不去自責才德不足以教化別人，而徒然感嘆上等智慧者不可得到，這好比手執繮繩而説無良馬。真的無良馬嗎？曾氏在讀韓愈的名文《馬説》之後説：『謂千里馬不常有，便是不詳之言。何地無才，惟有善使之耳。』曾氏的人才觀中有一個重要的觀點：因量器使，即依照一個人的能力大小，將其作爲器具使用。在曾氏『因量器使』的人才理念中，每一個人都是人才。若領導者説無人才可用，這祇能説明你自己無識人的本事。責任不在别人，而在自己身上。

□吉地多無心得之

原文

早出，巡視營墻。飯後見客四次。與牧雲畧談。申夫來，亦畧談。中飯後，與張伴山言接辦報銷之事。寫官制軍信，添莊衛生信一葉。申正温《左傳》至二更，温至『楚子圍蕭』止。與牧雲畧談家事。

沅弟改葬先考妣，本係買定夏家之地，而臨開穴時，乃反在洪家地面。洪家之索重資，有由來矣。大抵吉地乃造物所最閟惜，不容以絲毫詐力與於其間。世之因地脉而獲福蔭者，其先必係貧賤之家，無心得之，至富貴成名之後，有心謀地，則難於獲福矣。吾新友中，如長塘葛氏既富後則謀地，金蘭常氏既貴後而謀地，邵陽魏默深既成名後而謀地，將兩代改葬揚州，皆未見有福蔭，蓋皆不免以詐力與其間。造物忌巧，有心謀之則不應也。（咸豐九年十二月初十日）

評點

曾老九富貴還鄉，改葬父母，名爲買定夏家之地，實乃侵犯洪家祖墳。此事引來官司。老九仗勢非爲，老大並沒有袒護，説了實話，並規勸自家兄弟。

更爲難得的是，他由此而領悟更深的道理：吉地（此可作爲榮華富貴、吉祥福份的代名詞）本是上天之所極爲珍惜者，不可靠强力巧詐而獲取，祇可無心即靠機遇而得之。不僅老九依靠權勢獲不到，即便是發了財的葛家，做到巡撫高位的常家以及海内知名的魏家，他們或以錢，或以權，或以名謀地，均不成功，因爲依仗錢、權、名這些東西，都不免有人爲之力在其間起作用。再强有力的人爲，終不能與上天相比。故而在上天面前，它依舊是無能爲力的，不可能據此而謀得宇宙間極其珍貴者。

□有才智者必思以自旌异於人

原文

黎明，出巡視營墻。飯後清理文件，寫胡中丞信、彭雪琴信、左季高信，見客三次，閲《後漢書》李雲、劉瑜、謝弼傳，虞詡、傅燮、蓋勛、臧洪傳。中飯後閲《張衡傳》九葉，未畢。日内因眼蒙，不敢多看書。天氣甚長，申刻以後，但在室内徘徊。

西正趺坐。念天下之稍有才智者，必思有所表見以自旌异於人，好勝者此也，好名者亦此也。同當兵勇，則思於兵勇中翹然而出其類；同當長夫，則思於長夫中翹然而出其類；同當將官，則思於將官中翹然而出其類；同爲主帥，則思於衆帥中翹然而出其類。雖才智有大小深淺之不同，其不知足、不安分，則一也。能打破此一副庸俗共有之識見，而後可與言道。

夜校《叙傳》下卷，未畢。王子雲、高雲浦來，言方某品行不甚可靠。（咸豐十年閏三月十一日）

評點

曾氏打坐時又想到一種現象，即人但凡有點才智，便想通過自我表現來顯示與別人不一樣，好勝者出於這種原因，好名者亦出於這種原因。同當兵勇，則想在兵勇中出類拔萃。同當運輸兵，則想在運輸兵中出類拔萃。同當將官，則想在將官中出類拔萃。同爲主帥，則想在主帥中出類拔萃。曾氏所説的這個現象，乃社會常態，在許多場合，是被鼓勵、被推崇的。作爲帶兵統帥，曾氏也認爲應該獎勵出類拔萃。他在《筆記二十七則》中説：『大抵懷材負奇，恒冀人以异眼相看，若一概以平等視之，非所想也。』對於那些很有才幹的人，應該給人特殊的對待。他還告誡九弟沅甫：『弟常常以求才爲急，其闒冗者雖至親密友不宜久留，恐賢者不願共事一方。』人心常態是牛驥同槽則英雄氣短，故而曾氏要其弟不要照顧關係而收留平庸。

但是，讀這篇日記，我們可以看出，曾氏内心裏對這種以自我表現來顯示异於常人的作爲是不欣賞的，認爲是不知足、不安分的做法。這種態度源於曾氏晚年的游心於老莊之道的緣故。曾氏好友歐陽兆熊曾説過曾氏『一生三變』：在京師時由辭賦之學變而爲程朱之學，初辦團練時由再變爲申韓之學，咸豐八年復出後三變爲老莊之學。老子説：『是以聖人抱一爲天下式，不自見故明，不自是故

彰，不自伐故有功，不自矜故長。』不贊成自伐自矜，正是老莊思想的要點。

不自伐自矜，需要有很高的智慧，以聖賢爲榜樣的曾氏欣賞這種境界。而作爲團隊領袖，曾氏也深知自我伐矜乃世俗普遍心態，它是驅使人奮進的重要動力，因此要鼓勵。

□八本

原文

黎明，出巡視營墻。飯後清理文件。旋閲《後漢書》潁川四長傳，李固、杜喬傳。中飯後閲吴祐、延篤傳。是日，竟日雨不止。心事焦悶，口無津液，上焦火旺，因不復看書，即在室中徘徊。思凡事皆有至淺至要之道，不可須臾離者，因欲名其堂曰『八本堂』。其目曰：讀書以訓詁爲本，詩文以聲調爲本，事親以歡心爲本，養生以少惱怒爲本，立身以不妄語爲本，居家以不晏起爲本，居官以不要錢爲本，行軍以不擾民爲本。古人格言盡多，要之每事有第一義，必不可不竭力爲之者。得之則如探驪得珠，失之則如舍本根而圖枝葉。古人格言雖多，亦在乎吾人之慎擇而已矣。

夜，閲《駢體文鈔·箋牘類》。是日接家信，三月三日發，澄弟一件、沅弟一件、紀澤一件。又得竟海先生及作梅、牧雲等信。（咸豐十年閏三月十八日）

評點

曾氏是喜歡思索也善於思索的人。他於世間的事情悟出一個道理，即不論大小，凡事都有它的根

當兵勇，則思於兵勇中翹然而出其類；同當長夫，則思於長夫中翹然而出其類；同當將官，則思於將官中翹然而出其類；同爲主帥，則思於衆帥中翹然而出其類。雖才智有大小深淺之不同，其不知足、不安分，則一也。能打破此一副庸俗共有之識見，而後可與言道。

夜校《叙傳》下卷，未畢。王子雲、高雲浦來，言方某品行不甚可靠。（咸豐十年閏三月十一日）

評點

曾氏打坐時又想到一種現象，即人但凡有點才智，便想通過自我表現來顯示與別人不一樣，好勝者出於這種原因，好名者亦出於這種原因。同當兵勇，則想在兵勇中出類拔萃。同當運輸兵，則想在運輸兵中出類拔萃。同當將官，則想在將官中出類拔萃。同爲主帥，則想在主帥中出類拔萃。曾氏所説的這個現象，乃社會常態，在許多場合，是被鼓勵、被推崇的。作爲帶兵統帥，曾氏也認爲應該獎勵出類拔萃。他在《筆記二十七則》中説：『大抵懷材負奇，恒冀人以异眼相看，若一概以平等視之，非所想也。』對於那些很有才幹的人，應該給人特殊的對待。他還告誡九弟沅甫：『弟常常以求才爲急，其闒冗者雖至親密友不宜久留，恐賢者不願共事一方。』人心常態是牛驥同槽則英雄氣短，故而曾氏要其弟不要照顧關係而收留平庸。

但是，讀這篇日記，我們可以看出，曾氏内心裏對這種以自我表現來顯示异於常人的作爲是不欣賞的，認爲是不知足、不安分的做法。這種態度源於曾氏晚年的游心於老莊之道的緣故。曾氏好友歐陽兆熊曾説過曾氏『一生三變』：在京師時由辭賦之學變而爲程朱之學，初辦團練時由再變爲申韓之學，咸豐八年復出後三變爲老莊之學。老子説：『是以聖人抱一爲天下式，不自見故明，不自是故

彰，不自伐故有功，不自矜故長。』不贊成自伐自矜，正是老莊思想的要點。

不自伐自矜，需要有很高的智慧，以聖賢爲榜樣的曾氏欣賞這種境界。而作爲團隊領袖，曾氏也深知自我伐矜乃世俗普遍心態，它是驅使人奮進的重要動力，因此要鼓勵。

□八本

原文

黎明，出巡視營墻。飯後清理文件。旋閲《後漢書》潁川四長傳，李固、杜喬傳。中飯後閲吴祐、延篤傳。是日，竟日雨不止。心事焦悶，口無津液，上焦火旺，因不復看書，即在室中徘徊。思凡事皆有至淺至要之道，不可須臾離者，因欲名其堂曰『八本堂』。其目曰：讀書以訓詁爲本，詩文以聲調爲本，事親以歡心爲本，養生以少惱怒爲本，立身以不妄語爲本，居家以不晏起爲本，居官以不要錢爲本，行軍以不擾民爲本。古人格言盡多，要之每事有第一義，必不可不竭力爲之者。得之則如探驪得珠，失之則如舍本根而圖枝葉。古人格言雖多，亦在乎吾人之慎擇而已矣。

夜，閲《駢體文鈔·箋牘類》。是日接家信，三月三日發，澄弟一件、沅弟一件、紀澤一件。又得竟海先生及作梅、牧雲等信。（咸豐十年閏三月十八日）

評點

曾氏是喜歡思索也善於思索的人。他於世間的事情悟出一個道理，即不論大小，凡事都有它的根

本之處，而這個根本之處通常又都是淺顯的，既容易明白，又容易下手，問題是要善於尋找發現。找出來後，從根本之處做起，則事情就有可能循序漸進地順利做好。

今天這篇日記，曾氏記下他所發現的八件事情的根本之處。讀書這樁事，其根本之點在於要通曉訓詁，也就是說要通曉一字一詞一句一篇的意義。朗誦詩文這樁事，其根本之點在於掌握聲調，也就是要依照詩文的聲韵、起伏、長短、高低，把它們控制得恰如其分。事奉親老這樁事，其根本之點在於得到親老的歡心，即後輩所做之事能讓祖父母、父母以及其他長輩心裏快樂就好。養生這件事，其根本之點在於減少惱怒，也就是說少煩惱少生氣，生命就得到較好的保養了。立身處世這件事的根本之點在於不隨便發表意見，也就是說謹慎言語。居家過日子這件事的根本之點在於不睡懶覺，也就是要勤奮勞作。做官這件事的根本之點在於不要錢，也就是不貪污受賄。軍隊管理這件事的根本之點在於不騷擾百姓，也就是要愛民。這就是有名的曾氏『八本』。曾氏將這『八本』寄回家，要家人遵照辦理，並銘其室曰『八本堂』。

曾氏的這『八本』，雖不見得件件都十分準確（比如謹言很重要，而慎行對立身也同樣重要），但曾氏的這種思路對我們很有啓益，即從一個最重要也最具操作性之處入手，一步步地走向大目標、大成績。

□居高位之道：不與、不終、不勝

原文

是日，爲先太夫人忌辰，不見一客，齋戒一日。飯後清理文件。旋寫沅弟信、胡中丞信、陳作梅信，又寫郭意城信。中飯後清理文件極多。傍夕，養素來久談，約一時許。夜又清理文件。旋溫《平準書》。

是日，思居高位之道，約有三端：一曰不與，《論語》所謂『巍巍乎，舜禹之有天下也，而不與焉』者，謂若於己毫無交涉也；二曰不終，古人所謂『日慎一日，而恐其不終』，蓋居高履危而能善其終者鮮矣；三曰不勝，古人所謂『懍乎若朽索之馭六馬，栗栗危懼，若將隕於深淵』，蓋惟恐其不勝任也。『鼎折足，覆公餗，其形渥，兇』，言不勝其任也。方望溪言漢文帝之爲君，時時有謙讓，若不克居之意，其有得於不勝之義者乎！孟子謂周公有不合者，仰而思之，夜以繼日，其有得於惟恐不終之義者乎！（咸豐十年六月十二日）

評點

一個多月前，曾氏奉旨以兵部尚書銜署理兩江總督。雖說十多年前曾氏便是朝廷的高級官員了，但從咸豐二年底組建湘軍直到咸豐十年四月，前後九個年頭，曾氏一直以『客寄虛懸』的身份在領兵打仗。在江南戰場上，他並沒有實際上的高位重權。現在，這個局面改變了，他是江南名符其實的最高職位的官員。他謹慎地對待來之不易的這個職權，思索處於高位的三個必須要保持的心態。

心態之一是不與。孔子曾經以極爲崇敬的口氣稱贊舜和禹的高尚品德，説他們貴爲天子富有四海，但這種至高至重的富貴，在他們的眼裏都是公的，與個人的私利毫無關係。堯、舜、禹是『天下爲公』的代表。從禹之子啓以後，歷朝歷代的帝王則將天下視爲一家一姓的私産，『天下爲公』遂蜕變爲『天下爲私』。帝王雖然將天下、四海攫爲己有，但決不容許他的各級官員將自己的職權視爲私有，朝廷以苛刻的律法和嚴厲的處罰來維護國家利益和官場風氣。人性的貪婪，又總是在催生着層出不窮的貪官污吏，尤其是在社會混亂與監督失控情況下，貪賄現象更幾乎是無處不在。曾氏所處的時代，正是社會混亂與監督失控同時存在之際，且曾氏兵權在握，他若要做一個貪賄的官，易如反掌，但他要求自己保持舜、禹的『不與』心態：如此大的權力是屬於公的，與自己的私利毫不相干。

心態之二是不終。古人説，以謹慎態度對待每一天，尚且擔心不能得善終。曾氏認爲，這是出於高位危職者自古便少見善終的緣故。居高履危者常常權傾一時炙手可熱，作爲交換代價，它又多半是不得善終。身爲兩江總督、湘軍統帥，曾氏深知這種顯赫的現狀背後所藏的危機。他對九弟説：『古來成大功大名者，除千載一郭汾陽外，恒有多少風波，多少灾難，談何容易！願與吾弟兢兢業業，各懷臨深履薄之懼，以冀免於大戾。』類似這樣的話，他與同樣居高履危的胞弟多次説過。

心態之三是不勝。古人説，辦大事的人應當具有這樣的畏懼之心：好比已朽爛的繮繩套着六匹奔跑的馬，戰戰兢兢害怕之極，擔心隨時會殞命於萬丈深淵。曾氏認爲，這種心態表露的是任事者的恐懼感，怕自己不能勝任所荷。《易·鼎卦》九四爻辭：『鼎折足，覆公餗，其形渥，兇。』三足之鼎内正煮着食物，如果這時一只足折斷了，則食物傾覆。這是兇卦。它説的是因力不勝任造成事情敗壞的現象。漢文帝歷來被認爲是賢君。他的賢在何處？在於他時時存謙讓之心，認爲自己不足以擔當皇帝的重任。曾氏爲此專門寫了一篇短論文：『天下惟誠不可掩，漢文帝之謙讓，其出於至誠者乎！自其初至代邸，西向讓三，南向讓再，已歉然不敢當帝位之尊。厥後不肯建立太子，增祀不肯祈福，與趙佗書曰「側室之子」，曰「棄外奉藩」，曰「不得不立」。臨終遺詔：戒重服，戒久臨，戒厚葬，蓋始終自覺不稱天子之位，不欲享至尊之奉。』爲什麽具有這種『不勝』的心態，便可爲賢者呢？曾氏解釋：『夫使居高位者而常存愧不稱職之心，則其過必鮮，况大君而存此心乎！』這正是孔子所倡導的『臨事而懼』的心態。

一個人居高位握重權之後，常常會貪婪之心大熾，常常會輕率用事，常常會自以爲了不起。曾氏飽閲世事，提出『不與』、『不終』、『不勝』來警示自己，確乎難能可貴。

□創業垂統英雄與扶危救難英雄

原文

黎明起，閲胡中丞所寄京信各件。飯後至花橋查閲順字營馬隊營盤，偶與營官馬得順言及盛世創業垂統之英雄，以襟懷豁達爲第一義；末世扶危救難之英雄，以心力勞苦爲第一義。

已刻歸，往返近二十里。旋清理文件。寫季弟信一件。中飯後，因頭痛目蒙，不作一事，在室中優游安逸。酉刻，申夫來，久談，教之留心人才，從氣象上用功。夜清理文件。倦甚，甫交二更即睡。（咸豐十年六月二十七日）

評點

曾氏記下今天查閱順字營時，與營官馬得順的談話：盛世創業垂統之英雄，以襟懷豁達爲第一義；末世扶危救難之英雄，以心力勞苦爲第一義。曾氏認爲，太平盛世時節，創建功業傳之子孫的英雄，最重要的一點是胸襟開闊通達；而混亂末世時節，扶助危困拯救災難的英雄，最重要的一點是心靈與精力要承受勞苦。前者落脚在胸懷上，後者落脚在心力上。眼下無疑是混亂末世，曾氏以吃苦耐勞勉勵部屬。

另外，曾氏跟李榕談到要注重從氣象上觀察人才。這一點，應是曾氏傳給李榕的識人心得。什麽是氣象？氣象，當指一個人因爲内裏的儲備而顯發在外的表現，與簡單的外表狀況不同。當然，辨別氣象本身，亦非易事。

□求人治事之道

原文

早起，至沈寶成營内一查，辰刻歸。飯後清理文件。旋小睡。寫楊厚庵信一件。閱韓文。中飯後熱極，小睡。習字一張，清理各文件。酉刻與王壬秋久談，又與牧雲談。夜與牧雲、少荃在樓上乘涼。早睡。

本日思求人約有四類，求之之道約有三端。治事約有四類，治之之道約有三端。

求人之四類，曰官也，紳也，綠營之兵也，招募之勇也。其求之之道三端，曰訪察，曰教化，曰督責。采訪如鷙鳥猛獸之求食，如商賈之求財；訪之既得，又辨其賢否，察其真僞。教者，誨人以善而導之，以其所不能也；化者，率之以躬，而使其相從於不自知也。督責者，商鞅立木之法，孫子斬美人之意，所謂千金在前，猛虎在後也。

治事之四類，曰兵事也，餉事也，吏事也，交際之事也。其治之之道三端，曰剖晰，曰簡要，曰綜核。剖晰者，如治骨角者之切，如治玉石者之琢。每一事來，先須剖成兩片，由兩片而剖成四片，由四片而剖成八片，愈剖愈懸絕，愈剖愈細密，如紀昌之視虱如輪，如庖丁之批隙導窾，總不使有一處之顢頇，一絲之含混。簡要者，事雖千端萬緒，而其要處不過一二語可了。如人身雖大，而脉絡針穴不過數處；萬卷雖多，而提要鈎元不過數句。凡御衆之道，教下之法，易則易知，簡則易從，稍繁難則人不信不從矣。綜核者，如爲學之道，既日知所亡，又須月無忘其所能。每日所治之事，至一月兩月，又當綜核一次。軍事、吏事，則月有課，歲有考；餉事，則平日有流水之數，數月有總匯之賬。總以後勝於前者爲進境。

此二者，日日究心，早作夜思，其於爲督撫之道，思過半矣。（咸豐十年六月二十九日）

評點

這一天曾氏思索求人與治事兩件大事。

關於求人這件事。他需要的人有四類：一是主政一方的朝廷命官，二是爲軍營辦理行政事務的紳士，三是協同作戰的綠營兵士，四是自己招募的勇丁。如何得到有用之人，他總結有三點：一爲訪察。訪是訪求，要有強烈的求取之心，好比兇猛的禽獸求食，好比貪心的商人求財。察是察看，訪到了人，還要察看此人是賢或不肖，察看其人的誠與否。二爲教化。教是教育，教授才幹，增益其所不能。化是感化，以身作則，使其潛移默化。三爲督責，即以獎罰制度來督促其成功、責備其過失。

在治事上，曾氏需要治理的事情也有四類：一爲用兵打仗，二爲籌集軍餉，三爲管理部屬，四爲與上下左右的交往。如何來治理這些事情，他也總結了三點。一爲剖析，即儘量把事情細分。一件事情擺在眼前，先把它剖成兩部分，再由兩部分分爲四部分，再由四部分分爲八部分，越剖得多，事情的細密處、隱藏處就越彰顯，這就好比一個虱子在神箭手紀昌的眼裏就變成了車輪，也好比神刀手庖丁看牛筋骨的竅隙一樣。二爲簡要，即簡明扼要。曾氏認爲，一件事情不管多複雜、多麽千頭萬緒，其緊要處總是可以用一兩句話來表達的。這就好比一個人的身體，儘管很龐雜，但其穴位並不多，也好比一本大部頭的書，提要勾玄的話，亦不過幾句而已。凡管理大衆的道理，必須簡易，纔能讓他們明瞭照辦；若過於複雜，對於大多數的人來説將無所適從。三爲綜核，即隔一段時期就要將辦之事綜合起來檢索核查一次，這就好比讀書治學一樣，每天知道所未知的，每月復習所已知的。對於軍事、吏事，則每個月有功課，每年有考核。對於餉事，則每一天要有流水賬，每一個月則要有匯總賬。所有這些，都要以後來的勝過前面的爲好。天天都要在心裏研究這些事，白天做事，夜裏思考。對於主政一方的總督巡撫來説，能這樣做，就大致可以了。

人們説起曾氏來，或説他是政治家、軍事家，也或説是理學家、文章家，其實曾氏一生所做的最主要的事業，還是在於統率一個團隊。他的第一個頭銜應該是管理家，如同一個大型企業的董事長。這篇日記談的是他作爲一個管理家的思考，尤其是治事之道所談的剖析、簡要、綜核三點，的確是實幹者的經驗之談。對於我們每個辦事（不管辦大事還是辦小事）者都極有借鑒作用。

□與李元度約法五章

原文

早，出城，至震字營查閲。飯後清理文件。寫毓中丞信、家信，寄澄侯一件、張凱章信一件。天氣熱甚，小睡。中飯後見客三次。清理文件頗多。寫掛屏六幅，白板綾的，又寫二幅。因天熱，不克寫完。酉刻，與邵位西鬯談。燈時大雨，而熱氣未息。夜閲《古文·書牘》。

是日次青赴徽州，余與之約法五章：曰戒浮，謂不用文人之好大言者；曰戒過謙，謂次青好爲逾恒之謙，啓寵納侮也；曰戒濫，謂銀錢、保舉宜有限制也；曰戒反復，謂次青好朝令夕改也；曰戒私，謂用人當爲官擇人，不爲人擇官也。（咸豐十年八月十四日）

評點

平江人李元度（字次青）書讀得好，尤善長詩文聯話，從小便有『神童』『神對』之稱。咸豐三年即以舉人教諭的身份入曾氏幕，咸豐五年開始獨領一軍，是湘軍創建初期，曾氏的重要助手之一。一個月前，曾氏保舉李爲皖南道員。李元度雖爲平江勇的統領，然文人之習不改。這次領軍去防守徽州，事關皖南全局，使命重大，曾氏頗不放心，與之約法五章——

一戒浮，即不用喜歡説大話的文人。二戒過於謙遜，在軍營中，過謙容易敗事。三戒濫，即在銀錢開支、立功保舉這些事上不能太泛濫。四戒反復，即不能朝令夕改、反復無常。五戒私，即用人不能徇私情，所用之人要能勝任所任之職。

曾氏這五戒，其實都是針對李元度本人的弱點而提出的。文人習氣嚴重的李元度好説大言，又好以過度謙抑換取別人的好評。他還缺乏原則，缺乏定力。李元度到徽州没多久，便丢失城池，而且居然在外躲藏二十多天後纔去見曾氏，令曾氏大爲惱火，將其參劾革職。

湘軍有一個很重要的特點，那便是書生領兵。書生讀書明理，有抱負，有操守，有學識。這些，對於軍營管理來説都非常重要。但書生也多眼高手低、散漫任性，不能習苦耐勞。這些毛病一般稱之爲文人習氣。這種文人習氣却是軍營大敵。所以，湘軍中的許多書生，有的成就了大業，但更多的並無大成。李元度就是後者的一個代表人物。

□自正其心以維風俗

原文

早飯後清理文件。旋與作梅鬯談當今之世，富貴固無可圖，功名亦斷難就，惟有自正其心以維風俗，或可輔救於萬一。

所謂正心者，曰厚，曰實。厚者，仁恕也。己欲立而立人，己欲達而達人，己所不欲勿施於人，存心之厚如此，可以少正天下澆薄之風。實者，不説大話，不好虛名，不行架空之事，不談過高之理。如此可以少正天下浮僞之習。因引顧亭林所稱匹夫之賤與有責焉者以勉之。作梅是日將由吴城以

至宿松，巳刻別去。

旋寫家信，夫人一件、澄侯一件，又寫張凱章一件、胡宮保一件。見客四次，鮑春霆來久談，因留之中飯。飯後寫沅、季信一件，小字，甚長，戒『驕』字、『惰』字。夫人信內亦戒此二字。與尚齋圍棋一局。

申刻，接胡宮保信，知京城業被逆夷闌入，淀園亦被焚，傷痛之至，無可與語。旋清理文件甚多，至夜二更始畢。

占二卦：一問前疏請帶兵入衛，是否奉旨派出北上；一問鮑、張進攻休寧，能否得手。（咸豐十年九月二十四日）

評點

曾氏與幕僚陳鼐（字作梅）聊天，聊起了人生事業。他對陳説，生在當今時代，富貴固然是不可以圖謀得到，功名也絶對難以成就，唯有一點，那就是以自我正心來維持社會風俗，或可輔助拯救於萬分之一。所謂自我正心，體現兩個方面：一爲厚道，一爲平實。所謂厚道，就是仁恕。孔子説：自己想成立，也便幫助別人成立；自己想暢達，也便幫助別人暢達。孔子還説：自己所不想要的，不可施行在別人身上。這些話，説的都是仁恕。能够存如此厚道之心，則可以稍微糾正天下澆薄的風氣。所謂平實，即不説大話，不好虛名，不做没有着落的事，不談論過於高蹈的理論。做到這些，則可以稍微糾正天下浮華虛僞的風氣。曾氏還引用顧炎武的『天下興亡匹夫有責』的名言來勉勵陳鼐。

筆者曾經説過，曾氏所處的時代，是一個綱紀傾圮、江河倒流的時代，一切都已顛倒混亂。曾氏

想以個人之正心誠意來挽救世風的頹廢，其難如同負山馳河，其效難比杯水車薪。而這也正見曾氏的難能可貴，是真正的知其不可而爲之。同時，也可見曾氏對自己的期許。他從來就没有把自己混同於一個普通老百姓，而一貫認爲自己是擔負着爲人榜樣爲世表率的精英人物。早在京師做翰林時，他就説過：『風俗之厚薄奚自乎？自乎一二人之心之所向而已。』晚年身爲大學士直隸總督時，他又説：『若夫風氣無常，隨人事而變遷。有一二人好學，則數輩皆思力追先哲；有一二人好仁，則數輩皆思康濟斯民。倡者啓其緒，和者衍其波；倡者可傳諸同志，和者又可襢諸無窮；倡者如有本之泉放乎川瀆，和者如支河溝澮交匯旁流。先覺後覺，互相勸誘，譬之大水小水，互相灌注。』

對於濁世惡俗，始終不失望，始終抱着積點滴而成江河之心去改造，始終相信一二人之努力最後總會有效果的，久而久之，此人必定是人群中的數一數二者。這是曾氏以自身的行爲給我們的啓迪。

□古文之道：重巒復嶂又不雜亂無紀

原文

早飯後清理文件。旋寫凱章信一件、羅少村信一件。見客六次。中飯後核改摺稿一件。傍夕，至楊樸庵處久談，燈後歸。與尚齋圍棋一局，旋寫伴山信一件。胡暉堂查各嶺歸，極言趙廷貴之可恃。

是夜思作古文之道，布局須有千岩萬壑、重巒復嶂之觀，不可一覽而盡，又不可雜亂無紀。（咸豐十年十月初二日）

評點

早在京師翰苑時，曾氏便説自己已悟到古文之道。戰爭年代，他對死不怕，祇是怕自己没有把已悟到的古文之道化爲文章，而自成一家，擔心『寸心所得，遂成廣陵之散』。這篇日記中，他記下自己所悟的一個古文之道，即文章須有千岩萬壑、重巒復嶂的布局，不可以讓人一眼便看盡看透，但又不能雜亂而無章法。他有次給兒子寫信説：『作文以思路宏開爲必發之品。意義層出不窮，宏開之謂也。』這句話可以幫助我們理解『千岩萬壑、重巒復嶂』之所指。

□以禹墨之勤儉兼老莊之靜虚

原文

五更三點起，至城内萬壽宫拜牌行禮，黎明還營。各文武員弁來賀新年，巳正始畢。清理文件，寫告示一張。旋觀中夫與魯秋航下棋，余亦與尚齋圍棋一局。

中飯後，閱陸放翁詩。選七言絶句發抄，兼選七律。余在京時，曾將放翁七律選抄一編，七絶則選而未抄。今因抄七絶，又將七律再選一編，恐與在京時所選多不符矣。傍夕，又觀中夫與人下棋。寫沅弟信。夜再閱陸詩。二更三點睡，至五更三點始醒，爲近日所僅見。

是日細思立身之道，以禹墨之勤儉，兼老莊之靜虚，庶於修己、治人之術，兩得之矣。（咸豐十一年正月初一日）

評點

中國士人自古以來，便有『儒道互補』、『外儒內道』之説，意謂以出世之心做入世之事、有爲做事無爲養心等等。儒與道各有長處，也各有短處，唯取長補短，則可臻於完善。曾氏晚年游心於老莊之道，已是在踐行儒道互補了。這次又提出以禹墨之勤儉，兼老莊之靜虛，那就是不僅要儒道互補，而且要墨道互補了。墨家學説的核心爲勤勞儉樸，不畏勞苦，爲大衆做事。正如孟子説的：『墨子兼愛，摩頂放踵，利天下而爲之。』

曾氏一生行事，很好地貫穿了墨家精神。臨終前一年，他爲兒子們立下四點遺囑，其中第四點爲『習勞則神欽』。他解釋：『古之聖君賢相，若湯之昧旦丕顯，文王日昃不遑，周公夜以繼日坐以待旦，蓋無時不以勤勞自勉。』『大禹之周乘四載，過門不入，墨子之摩頂放踵以利天下，皆極儉以奉身，而極勤以救民。故荀子好稱大禹、墨翟之行，以其勤勞也。』

曾氏認爲，一個人既要勤勞儉樸，又要靜心虛懷，把墨家和道家這兩派學問的精髓兼收並蓄，於做人辦事則大有好處。

□不輕非笑人與不晏起等

原文

早，接奉廷寄，即前覆奏英夷助剿、運漕一案。飯後清理文件。

寫澄弟信一件，言戒『驕』字以不輕非笑人爲第一義，戒『惰』字以不晏起爲第一義。寫紀澤信一件，言文章之雄奇，以行氣爲上，造句次之，選字又次之。

旋閲選放翁七絶。中飯後又選陸詩，夜又選之，共八本。放翁胸次廣大，蓋與陶淵明、白樂天、邵堯夫、蘇子瞻等同其曠逸。其於滅虜之意、養生之道，千言萬語，造次不離，真可謂有道之士。惜余備員兵間，不獲於閑靜中探討道味。夜，睡頗成寐，當由玩索陸詩，少得裨補乎！（咸豐十一年正月初四日）

評點

這篇日記雖短，內涵卻很豐富，説了三件有意思的事。

一是給在家守祖業的四弟國潢寫信，言戒驕戒惰事。這封信寫得短而有力度，現抄其要言如下：『弟於世事閲歷漸深，而信中不免有一種驕氣。天地間惟謙謹是載福之道，驕則滿，滿則傾矣。凡動口動筆，厭人之俗，嫌人之鄙，議人之短，發人之覆，皆驕也。無論所指未必果當，即使一一切當，已爲天道所不許。吾家子弟滿腔驕傲之氣，開口便道人短長，笑人鄙陋，均非好氣象。賢弟欲戒子侄之驕，先須將自己好議人短好發人覆之習氣痛改一番，然後令後輩事事警改。欲去驕字，總以不輕非笑人爲第一義；欲去惰字，總以不晏起爲第一義。弟若能謹守星岡公之八字、三不信，又謹記愚兄之去驕去惰，則家中子弟日趨於恭謹而不自覺矣。』

曾氏家族，既有人身居高位，又有人手握重兵，是真正的富貴之家。富貴家中的人，最容易犯的毛病一爲驕（源於有勢力），一爲惰（源於有財富）。其敗落的原因，也主要在這兩點上。作爲曾氏家族的大家長，時刻擔心家族染上這兩個毛病，而他從四弟國潢的來信中已明顯地看出驕、惰的苗頭。在湘鄉老家，國潢是長輩，是子侄輩的樣板，不打掉國潢身上的驕惰之氣，則此風將會愈演愈熾。故而，曾氏以不多見的嚴厲口氣，批評這個比他小九歲的弟弟。

二是與兒子談文章之道。他告訴兒子，文章要寫得雄奇，氣勢是第一位的，其次是句子的選擇，再其次是文字的選擇。

氣勢的浩蕩雄壯，來源於立論的正大，所謂理直氣壯。而立論的正大與否，又與學問、見識、思想、閱歷密切相關。所有這些，纔是雄奇之文的基礎，造句造字當然也重要，但畢竟是次等的。曾氏對於自己少有稱許，但對於詩文的寫作卻屢有自得之辭。這幾句話亦可視爲曾氏對古文之道的領悟。

三是對陸游的評價。曾氏認爲，陸游有着與陶潛、白居易、邵雍、蘇軾這類人所共同的曠逸。所謂曠逸，當指陸的開闊超脱的胸襟。曾氏對這一點很重視。他認爲人生辦事，第一仗的是胸襟，學問、才幹等尚屬其次。他曾經對兒子說過這樣的話：『余所好者，尤在陶之五古、杜之五律、陸之七絶，以爲人生具此高淡襟懷，雖南面王不以易其樂也。』這話已說到極致：人生若有陶潛、杜甫、陸游的高淡胸襟，所享受的快樂要超過南面爲王。

曾氏對陸游的評價極高，幾十年後他遇到一位知己。這位知己如此評價陸：『亘古男兒一放翁。』此人爲梁啓超。楊昌濟將此人與曾氏並列爲農家走出來的异材。

□州縣之道與將領之道

原文

早飯後清理文件。旋圍棋一局。閱《管子》《霸言篇》、《問篇》。清理文件。中飯後閱《管子·戒篇》，未畢。沅弟來，久談，教以胸襟宜淡遠，游心虚静之域，獨立萬物之表。又每日宜讀書少許，以擴識見。弟圍安慶，前後皆有强寇，人數甚單，地段甚廣，晝夜辛勤，事事躬親，雖酷暑大雨而每日奔馳往返，常五六十里。余憐其太勞，故欲其以虚静養心也。

清理文件甚多，至更初止。近日因風大，未接公文，本日接百餘件，眼蒙尚未看畢。温《古文·序跋類》。三更睡，瘡癢殊甚，不能成寐。羅弁值日。午間習字一紙，夜寫零字一紙。

傍夕，思州縣之道，以四者爲最要：一曰整躬以治署内，一曰明刑以清獄訟，一曰課農以盡地力，一曰崇儉以興廉讓。將領之道，以四者爲最要：一曰戒騷擾以安民，一曰禁烟賭以儆惰，一曰勤訓練以禦寇，一曰尚廉儉以率下。

是日接無名人一奏，云本年三月廿二日，新授陝西巡撫鄧爾恒，在曲靖府行轅被帶練保至協鎮之何有保殺斃。先是，鄧被何有保劫搶一空，今又勒索銀二萬，膽敢持刀兇殺，擄搶罄净，並將曲靖知府拿去，以致鄧三日未殮，身受二十八傷。何有保與其養子何自清久有叛謀，雲南巡撫徐之銘亦主謀，令其擅殺，現在轉行揑禀係鄧撫自帶之練丁戕殺云云。世變至此，誠不堪問！而滇撫徐之銘前有唆使練丁搶劫張石卿制軍之名，兹又有唆使練丁劫殺鄧子久中丞之名，不必問其虚實而已決其爲敗類

矣。（咸豐十一年八月十七日）

評點

傍晚時，曾氏又思索起州縣之道與將領之道來。

所謂州縣，即一州一縣的長官，即知州與縣令，是官場系列中最低一級的官員，也是與百姓最接近的官員。曾氏認爲，州縣的職責主要在四件事上。一爲整躬以治署内，即以身作則來治理衙門内的事務：自己勤政來杜絶屬吏的懶惰，自己廉潔來防止屬吏的貪污等等。二爲刑事明慎以清正官司，即刑罰上一定要公平公道，如此社會風氣才會清正。三爲督促農人勤於耕種以儘量發掘土地財力。四爲大力倡導勤勞儉樸，藉以興廉潔謙讓之風。州縣職責簡而言之，即以身作則、嚴明刑罰、努力農事、崇尚廉讓。

所謂將領，指一營一哨的統領官，是軍隊中帶兵上戰場的領頭人。曾氏認爲將領的職責也主要有四點。一爲管束好兵勇，不能騷擾百姓，要成爲安定民心的力量。二爲禁止吃食鴉片與賭博，借以儆戒懶惰。三爲勤於訓練，以抵禦敵寇。四爲崇尚廉潔儉樸，以表率下屬。

無論對於州縣官，還是對於帶兵將領，曾氏有一個共同的要求，即要做崇尚廉儉的榜樣。

□委員之道與紳士之道

原文

早飯後圍棋一局。旋清理文件，即昨日未閱畢者，習字一紙。午間小睡。中飯後清理文件，九弟來鬯談，至酉刻去。寫零字數紙。眼蒙殊甚，不能不用加花鏡矣。夜温《古文·傳志類下》，又朗誦《九辯》數遍。睡甚成寐。

夜接七月廿八日寄諭一道，係因毓中丞之奏江西省城危急，令派兵救援。又接禮部文，奉到新主哀詔。日内北風不止，東流文武皆不能來，不克行齊集哭臨之禮，深爲憂灼。

又思委員之道，以四者爲最要：一曰習勞苦以盡職，一曰崇儉約以養廉，一曰勤學問以廣才，一曰戒傲惰以正俗。紳士之道，以四者爲最要：一曰保愚懦以庇鄉，一曰崇廉讓以奉公，一曰禁大言以務實，一曰擴才識以待用。（咸豐十一年八月十八日）

評點

所謂委員，即不是朝廷任命而是曾氏委派的各級管理人員。曾氏亦爲他們安排四個重要職責：一爲吃苦耐勞，恪盡職守；二爲崇尚儉約，培養廉潔；三爲勤學勤問，擴展才識；四爲戒懶戒惰，以正風俗。

所謂紳士，即在社會上有一定聲望與影響力的人士。曾氏認爲做一個好紳士也體現在四個方面：

一爲保護弱勢人群，庇佑鄉里；二爲崇尚廉潔謙讓，奉公守法；三爲禁止説大話空話，求真務實；四爲擴展才識，以備朝廷選用。

今我們感興趣的是，不管是對於委員還是對於紳士，也有一個共同點，那就是崇廉崇儉。看來，廉潔儉樸，是曾氏對一切辦公事的人的共同要求，當然，我們也由此可得到一個信息，那就是當時文武兩界普遍的毛病是不廉不儉，也就是説貪污奢侈之風盛行於晚清官場。

□禮物全璧，祇收小帽一頂

原文

是日恭遇先太夫七十二冥壽，寓中未辦祭祀。早飯後圍棋一局。旋清理文件，見客三次，習字一紙。中飯後，圍棋一局。清理文件。華翼綸，號笛秋，前自上海來請兵，本日令其作畫六幅。寫雪琴信一件，專人至上游迎接。

鮑春霆來，帶禮物十六包，以余生日也。多珍貴之件，將受小帽一頂，餘則全璧耳。

夜與仙屏久談。二更後，温《古文·奏議類》。二更四點睡，頗能成寐，但瘡癢异常，殊以爲苦。

（咸豐十一年十月初九日）

評點

鮑超（字春霆，也作春廷）是湘軍霆字營的統領。鮑驍勇善戰，所部霆字營戰斗力强，鮑因此很受曾氏的器重，曾氏亦對鮑着意愛護栽培。這次鮑超給曾氏送來十六包生日禮物，其中有許多珍貴物品，曾氏祇接受一頂小帽，其餘的全部退還。

以曾鮑之交情，鮑之行爲不是行賄。曾氏全部接受，也在情理之中。曾氏不受，不是拒絶鮑，而是要做出一種姿態來給他的所有部屬看。這個姿態就是：曾某人是個自愛的不接受饋贈的人，大家都不要送禮。

鑒於與鮑的友誼，曾氏收下小帽一頂，表示領了鮑的情。帽子乃日常生活用品，非奢侈品；一頂小帽所值有限，不是價格貴重之物。曾氏也借此傳遞一個信息：即使是很好的朋友，他接受的禮物亦祇限於這樣的範圍。

□寫字、養生與治世之道種種

原文

早飯後圍棋一局，清理文件，見客二次，至弢甫處一坐，習字一紙。閱《瀛寰志略》中南洋越南、暹羅、緬甸、南掌諸國，南洋諸島。中飯後，清理文件。陳虎臣來，久坐。因約洪琴西亦來圍談，申正三刻去。寫掛屏二幅，未畢，已曛黑矣。至少荃處一叙。夜清理文件，二更畢。温《詩經》《正月》、《十月之交》、《雨無正》、《小旻》、《小宛》、《小弁》、《巧言》諸篇，若有所會者。

日内作書，思偃筆多用之於横，抽筆多用之於竪。竪法宜努，抽並用，横法宜勒，偃並用；又首貴有俊拔之氣，後貴有自然之勢。

又養生之道，當於『眠、食』二字悉心體驗。食即平日飯菜，但食之甘美，即勝於珍藥矣。眠亦不在多寢，但實得神凝夢甜，即片刻，亦足攝生矣。

又思治世之道，專以致賢養民爲本。其風氣之正與否，則絲豪皆推本於一己之身與心，一舉一動，一語一默，人皆化之，以成風氣。故爲人上者，專重修養，以下之效之者速而且廣也。（咸豐十一年十一月初六日）

評點

在這篇日記中，曾氏記下了他的多種體會。

一是關於寫字。他談到字首在要有俊拔之氣，而後要有自然之勢。所謂俊拔，筆者揣測，當指字既好看又有骨力。所謂自然，當指結體與筆畫都不應太古怪、太做作。曾氏本人的書法亦印證了這兩點。

二是關於養生。曾氏認爲養生主要在睡覺與飲食兩個方面。食不在食物的珍貴，而在於食者之味道甘美。祇要食味好，家常飯菜就是好食品。睡覺不在於躺在床上的時間長短，而在於睡覺的質量高低，香甜就是好睡眠。

三是治世之道。所謂治世，指與亂世相對的承平之世，即没有大戰争、大動亂、大災難的平和世道。治世之道的根本在於致賢養民，即招至賢良之人爲管理者，使百姓能過衣食無憂的日子。

這些體會，因平易而顯真切，因實在而更親和。

□凡物加倍磨治皆能變換本質

原文

早飯後，因腹脹有病，不見客，亦不治事。與程穎芝圍棋二局，與少荃、眉生等鬯談，王明山來少叙。

馮竹漁自廣東購寄千里鏡二具，在樓上試驗，果爲精絶，看半里許之人物如在户庭咫尺之間。其銅鐵、樹木等，一經洋人琢磨成器，遂亦精曜奪目。因思天下凡物加倍磨治，皆能變換本質，別生精彩，何况人之於學？但能日新又新，百倍其功，一何患不變化氣質，超凡入聖？余志學有年，而因循悠忽，回思十五年前之志識，今依然故我也，爲之悚惕無已。

中飯後腹脹，仍不能治事。與李眉生、莫子偲、洪琴西等鬯談。申刻清理文件。酉刻見客，吴貞階久談。夜清理文件，至二更畢。三點睡，三、四更皆得酣睡，在近日最爲難得者。是日早間腹泄二次，有血，有似痢疾。未刻一次，無之。燈初一次，更好。五更一次，水泄極多，幸不甚困憊耳。

是日接奉廷寄二件、諭旨一件，係余十一月十六月發報奉到批回同來者。（咸豐十一年十二月二十一日）

評點

曾氏第一次使用洋人製造的望遠鏡，看半里之外的人物如近在咫尺。他禁不住由衷贊嘆。他想到，洋人所用的材料亦不過普通的銅鐵樹木等，但經過他們的精湛打磨，就可以改變其本質，增益其所不能。由此曾氏聯想到人的修煉陶冶：人若每天不斷自新，下苦功夫來堅持做這件事，何愁不能變化氣質，脱離凡俗走進聖賢的序列呢？

曾氏的聯想是很有道理的。我們都知道，量變引發質變，是自然界的普遍規律。這正是曾氏所悟到的『凡物加倍磨治，皆能變換本質』的現象。凡物如此，人自然也如此。衹要長久堅持不懈的努力，人的錮習本性都是可以改變的，所謂『江山易改，本性難易』，或許是人類爲自己的懶惰而編造的遁詞。

□許振祎的閲歷有得之語

原文

早飯後接見司道。旋出城看熊字營操演，巳刻歸。與筱泉圍棋一局。習字一紙，寫希庵信，未畢。約陳湜、潘鴻燾來吃便飯，未正散。將希庵信寫畢。摺差曾恒德自京歸來，閲京信及各報本。清理文件。接少荃上海來信，言夷務事頗詳。旋閲護軍抬槍、小槍兩隊將發往熊字營爲教師者。酉初寫扁字及對聯，再閲京報，略知近事。傍夕，眉生來久談。夜清理文件，至二更三點畢。

本日見許仙屏與沅弟信中多見道語，如云爲治首務愛民，愛民必先察吏，察吏要在知人，知人必慎於聽言。魏叔子以孟子所言『仁術』，『術』字最有道理。愛而知其惡，惡而知其美，即『術』字之的解也。又言蹈道則爲君子，違之則爲小人。觀人當就行事上勘察，不在虚聲與言論；當以精己識爲先，訪人言爲後。皆閲歷有得之語。（同治元年四月初十日）

評點

江西人許振祎（字仙屏）是曾氏最爲器重的幕僚之一。早在咸豐三年，曾氏率軍初進江西時，許振祎便以諸生身份進入曾氏幕府，後又親領一軍攻克多城。同治四年，他又進京參加會試，獲得進士功名，並進入翰林院，後出任學政、道員、河道總督等職，官至廣東巡撫。

這篇日記中記録了許給曾國荃信中的一些有見地的話。這些話爲：治理政務，首在愛護百姓；愛護百姓，則先在詳察官吏；詳察官吏，其要點在於知人；如何知人，則必須謹慎地聽取此人的言論。

□静中細思

原文

早飯後清理文件。旋與柯筱泉圍棋一局。吴竹莊來，坐頗久。寫沅弟信。

涉閲廣東新刻叢書兩種，一曰《海山仙館叢書》，凡五十六種，潘仕成輯刻；一曰《粤雅堂叢書》，凡二百廿一種，伍崇曜輯刻。二者皆馮竹漁新贈也。又涉閲《正誼堂叢書》，凡五十六種，張清恪公輯刻，吴竹莊所贈也。因取《正誼堂》中清恪公所輯《程子》二十篇讀之，至晡時讀畢。凡十卷，取《論語》二十篇之意，編采二程粹言，略分門類，頗爲精當。

寫沅弟信一件。申刻調恒字營八隊來此操演槍炮，約一時許畢。夜閲張清恪公所輯《朱子》七篇，每篇各分上下，仿《孟子》七篇之意。張公蓋以程配孔，以朱配孟也。讀一卷，未畢。倦甚，因閱陶詩。三更睡，倒床即成寐矣。

是日又寫扁字二十餘個。

靜中細思，古今億萬年無有窮期，人生其間數十寒暑，僅須臾耳。大地數萬里不可紀極，人於其中寢處游息，晝僅一室耳，夜僅一榻耳。古人書籍，近人著述，浩如烟海，人生目光之所能及者不過九牛之一毛耳。事變萬端，美名百途，人生才力之所能辦者，不過太倉之一粒耳。知天之長而吾所歷者短，則遇憂患橫逆之來，當少忍以待其定；知地之大而吾所居者小，則遇榮利爭奪之境，當退讓以守其雌；知書籍之多而吾所見者寡，則不敢以一得自喜，而當思擇善而約守之；知事變之多而吾所辦者少，則不敢以功名自矜，而當思舉賢而共圖之。夫如是，則自私自滿之見可漸漸蠲除矣。（同治元年四月十一日）

評點

寧靜之中，曾氏細細地思考許多人生道理。他思考了些什麼呢？

他想，自有人類以來，歷古到今，不知多少億萬年沒有止境，人的一生祇不過在其間存活數十年，兩者相比，人生不過一瞬間而已。大地數萬里寬廣難以丈量，人在其間勞作生息，白天僅止一個房間，夜晚僅止一張床而已。古今人所寫的各種書籍浩如烟海，窮盡人之一生所能看到的不過九牛一毛而已。事情萬種，美名多方，一個人的一生所能辦成的不過太倉之一粟而已。知道時光之漫長而我所經歷者短暫，則懂得遇到憂傷不順暢的事情到來時，應當稍稍忍耐而等待事情安定；知道大地的廣

泛無邊而我所居的地方之少，則懂得遇到榮譽利益爭執的環境，應當退讓而甘居其後；知道古今書籍之多而我所見者孤陋，則懂得自己淺薄不敢以一點微小獲得而沾沾自喜，懂得應當思索選擇正確的而低姿態地守住它；知道事情之多而我所能辦成者少，則懂得不敢以自己取得的成就而夸耀，應當想到推舉賢能而共圖大業。如果能做到這樣，則自私自滿的世俗之見可以漸漸消除了。

寫這篇日記時，曾氏已虛歲五十二歲。過天命之年的曾氏的這番思考，出於他多年來在旋渦中的打拼掙扎。我們知道，曾氏很年輕的時候便有『男兒未蓋棺，進取誰能料』的氣概，功名上的成就，更助長他這種氣概的勃發，將『子城』之名改爲國藩，便是最好的證明。三十歲之後，他有過一段長時期的修身。這修身的目的，其實更多地爲了日後的『治國平天下』。所以，一旦這個機會到來之後，他便甩開膀子大幹起來。他憎恨不白不黑不痛不癢的官場，借辦團練組建軍隊之機，他無所顧忌越俎代庖。他强硬打擊那些不與他合作的人，他盼望很快就平定內亂安頓社會，但世事遠不是他所預料的，各種意想不到的挫折、打擊甚至針對他的陰謀接踵而來。世間現實終於讓他痛切認識到，他本人以及他所能組織動員的力量太有限了。於是有了這番時長我短、地廣我窄、書多我少、事繁我簡的認識。

其實，這些認識早在兩千年前，老莊等人便已看到了，年輕時的曾氏也一定讀過《道德經》《南華經》，但那時他爲什麼不會有這樣的思索呢？

這是因爲年輕人血氣方剛，一般對自我期許甚高而對世事所知甚少，正所謂『情況不明決心大』，以爲天下事無不可爲者。曾氏稟賦中有極剛强極自負的一面，他是很容易接受儒家的思想理念與法家的行爲方式的。

當然，我們也可以設想一下，中進士點翰林之後的曾氏，在三十歲的時候便接受老莊的學說。如

果那樣，就很難保证他後來有『十年七遷』『遍兼五部』的經歷，更難保证他能『另起爐竈』地組建軍隊。如果没有這些，那也就没有我們今天研究的這個對象了。歷史上，應當也有不少早慧者，他們或許在年輕時便已領悟了老莊。若年歲輕輕便歸入道家無爲之學，則歷史上就無他們的痕迹，正如李白所説的『古來聖賢多寂寞』。到底是轟烈好呢，還是寂寞好呢？對於個體生命來説，或許寂寞更好；但若都寂寞，一部二十四史，也就無從寫起了。

□爲政之道，得人、治事二者並重

原文

早飯後清理文件。旋與柯小泉圍棋一局，見客五次，寫幼丹信一件、季高一件，閱馮焯詩稿。

焯，代州人，字稚華。其七世祖如京官廣東左布政使，六世祖雍玉以進士官至同知，五世祖光裕以舉人官至湖南巡撫，四世祖祁官編修，曾祖均弼以舉人蔭生，官至湖北按察使，祖宬以舉人官浙江知縣。焯爲潛山縣天堂巡檢，又署屯溪巡檢，刻詩四卷，清穩不俗。昨和余詩八首，今日問之程伯敷，始知其人。因取其詩披閱數十首，兼閱其曾祖及祖刻詩，乃知其世家淵源有自也。

午正睡半時許。中飯後清理文件，習字一紙。申刻與琴西少談。旋温《霍光傳》，至二更畢。核改摺稿二件、片稿一件，清理文件。三更睡，甚能成寐。

細思爲政之道，得人、治事二者並重。得人不外四事，曰廣收、慎用、勤教、嚴繩。治事不外四端，曰經分、綸合、詳思、約守。操斯八術以往，其無所失矣。（同治元年四月十三日）

評點

做官的要點在哪裏？曾氏認爲在得人與治事兩個方面。

所謂得人，就是求取人才。曾氏認爲應當從四個方面着手，即廣泛羅致、審慎使用、勤於教導、嚴加監督。所謂治事，就是處理事務。曾氏認爲也應當包括四個方面。一、先剖分細析：一分二、二分四、四分八、八分十六，越細越見精核，越細越易於處置。二、分後再整合，分門別類，提綱挈領，把事情再按一定的要求爬梳整理。三、詳盡地思考，多方面地探索，把事情的來龍去脉，以及它的延伸都去仔細地想一想。四、最後歸納，找出幾點來，予以銘記。曾氏本質上是一個政治家，他最大的真本事就體現在得人與治事這兩點上。日記中所記的這些話，應是他的真經。

曾氏今天花了一個上午閱讀馮焯及其祖上數代人的詩作，並由此知道馮氏家族從七世祖開始便讀書做官，且有幾代做過按察使、布政使、巡撫一級的大員。

馮焯不過一巡檢而已，從九品銜，乃官場中最低一級的小官。此時，曾氏官居協辦大學士、兩江總督，銜領太子少保，權綰四省。馮焯與之相比，簡直有霄壤之别。曾氏何以如此關注馮焯呢？原來，馮爲曾氏的詩做了八首和詩，並通過曾氏的左右，將和詩連同他的其他詩作及其祖上刻詩一道送上來，讓曾氏讀到，借以求得曾氏對他的好感。説白了，馮其實走的是干謁的門道。不過，他不是帶着金銀財寶，而是帶着自己的才學與家世。至於他的目的，與以財貨求利者其實是一樣的。

□養氣工夫：清、慎、勤

原文

早飯後清理文件，寫鮑春霆信一件。圍棋一局。見客二次。巳刻登城，看演放炮位，周圍一試，約步行七里，肩輿五里，午刻歸。寫家信一件，又寫沅弟信一件。中飯後至幕府閒談，清理本日文件。申正寫掛屏四付、對聯二付。

本日早接沅弟初十日信，守事似有把握，爲之少慰。然以江西撫、藩二人似有處處與我爲難之意，寸心鬱鬱不自得。因思日内以金陵、寧國危險之狀，憂灼過度。又以江西諸事掣肘，悶損不堪，皆由平日於養氣上欠工夫，故不能不動心。

欲求養氣，不外『自反而縮』、『行慊於心』兩句；欲求行慊於心，不外『清』、『慎』、『勤』三字。因將此三字多綴數語，爲之疏解。『清』字曰名利兩淡，寡欲清心，一介不苟，鬼伏神欽；『慎』字曰戰戰兢兢，死而後已，行有不得，反求諸己；『勤』字曰手眼俱到，心力交瘁，困知勉行，夜以繼日。此十二語者，吾當守之終身，遇大憂患、大拂逆之時，庶幾免於尤悔耳。

夜閲《梅伯言詩文集》，核批札各稿。二更三點將睡，疲困殊甚，幸尚成寐。五更醒，從此爲常態矣。（同治元年九月十四日）

評點

因爲軍事與人事兩方面的不順，曾氏心情鬱悶。他認爲這是因爲自己不能很好地養氣。養氣工夫不足，心就容易動蕩。孟子説過『我善養吾浩然之氣』。孟子的浩然之氣從哪裏來？曾氏認爲不外乎兩個方面：一爲『自反而縮』，一爲『行慊於心』。

『自反而縮』出自於《孟子·公孫丑上》：『自反而不縮，雖褐寬博，吾不惴焉；自反而縮，雖千萬人，吾往矣。』孟子説，大勇者是這樣的人：捫心自問自己不占理，對方即便是下賤者，我不去恐嚇他；捫心自問自己占了理，即便是千軍萬馬，也勇往直前。

『行慊於心』化自《孟子·公孫丑上》：『其爲氣，配義與道，無是餒也。是集義所生者，非義襲而取之。行有不慊於心，則餒也。』孟子説，浩然之氣必須與道和義相配合，缺乏這種配合則無力量。這種浩然之氣是由正義日積月纍而産生的，不是有一兩次行俠仗義的行爲就能取得的。祇要做一次於心有愧的事，氣就疲軟了。

以筆者揣摸，曾氏引來這兩句話，大概就是要表達這樣兩個意思：一是占着理，二是行得正。能如此，則心裏便有浩然之氣，情緒便不會因外界因素而波動。

想要求行得正，則要做到三個字：清、慎、勤。曾氏對這三個字分别予以解釋。

清：把名和利兩者都看淡薄，清静心思，減少欲望，一絲一毫之事均不苟且，鬼神都欽敬佩服。

慎：一事當前，戰戰兢兢，鞠躬盡瘁，死而後已，做的事情達不到預期效果，則從自身尋找原因。

勤：做事眼到手到，親歷親爲，心和力都用到極致，遇到困惑努力去解決，强迫自己要踐行德業，日所不盡，夜以繼之。

以培植自我內心的博大堅强，來應對外界的困境。這是中國聖賢爲人類文明提出的重要理念。

□於盡性知命若有所體會

原文

早飯。黎明至懷寧縣學宮慶賀萬壽。是日爲慈禧皇太后聖節也，卯正禮畢。早飯後見客二次，圍棋二局，又立見之客三次。寫沅甫信一件，核批札稿數件。天雨淋漓，深以金陵、寧國軍事爲慮。午正小睡片刻。請吴月溪、潘伊卿便飯，未正散。旋核改金柱關勝仗摺，閱本日文件，改信稿三件。傍夕，賓客以余明日生日或來慶賀，因入內室避之。燈後作奏片二件，各三百餘字，又改摺稿二件。二更後寫信一封，與吴竹莊信一件。

四點入內室，閱王而農所注張子《正蒙》，於盡性知命之旨，略有所會。蓋盡其所可知者於己，性也；聽其不可知者於天，命也。《易·繫辭》『尺蠖之屈』八句，盡性也；『過此以往』四句，知命也。農夫之服田力穡，勤者有秋，惰者歉收，性也；爲稼湯世，終歸焦爛，命也。愛人、治人、禮人，性也；愛之而不親，治之而不治，禮之而不答，命也。聖人之不可及處，在盡性以至於命。盡性猶下學之事，至於命則上達矣。當盡性之時，功力已至十分，而效驗或有應有不應，聖人於此淡然泊然。若知之若不知之，若着力若不着力，此中消息最難體驗。若於性分當盡之事，百倍其功以赴之，而俟命之學，則以淡如泊如爲宗，庶幾其近道乎！（同治元年十月初十日）

評點

性與命，是儒家學説中的高深命題，極不好理解。這天夜裏，曾氏在燈下閱讀王夫之的《張子〈正蒙〉注》，對此略有所領悟。他把這個領悟寫在日記中。

曾氏認爲，盡自己的努力獲得所知，這就是性；將自己所不知者聽其於天，這就是命。《易·繫辭》中有這麽幾句話：『尺蠖之屈，以求信也。龍蛇之蟄，以存身也。精義入神，以致用也。利用安身，以崇德也。過此以往，未之或知也。窮神知化，德之盛也。』從『尺蠖之屈』到『以崇德也』這八句，説的是盡性。因爲這八句話所表達的內容，是盡自己的力量所能做到的。從『過此以往』到『以崇德也』四句，説的知命，因爲它的所指屬不可知者。

好比農民種田，勤勞者豐收，懶惰者歉收，這就是性。這是人所能知的，應當盡性，即努力依靠勤勞去獲得豐收。但是，若遇到長久的乾旱，則無論勤與懶，都歸於無收，這就是命。若遇到這種時候，勤者也要知命不抱怨。關愛别人，管理人群，以禮待人，這是我們應當所爲的，因爲我們知道這樣做會有好的回報，但也會遇到如下的情況：關愛别人，但那人不跟你親近；管理人群，但人群不接受；以禮待人，但别人不以禮待你。遇到此類，則就是命。

聖人之不可企及之處，在於他們於性上的事盡力而爲，於命上的事也盡力去知。盡性還是屬於平常的學問，至於知命，則進入高深的道理了。在盡性事上做到了十分，效果或有或不有，聖人則於此處之淡然。對於命上之事知幾分、用力在哪些地方，這裏的分寸最難把握。至於性上之事要盡百倍之力去做，而屬於命的事則處之淡然，這就是接近於悟道了。

以筆者之見，這段論性與命的話，若簡括而言之，就是曾氏常說的『盡人事而聽天命』七字而已。

□十分權勢祇可用五分

原文

早飯後清理文件，旋寫左季高信。見客，坐見者二次，立見者三次。圍棋一局。午刻至黎壽民處吊喪。昨夜撰一挽聯，旋又作一聯，以其太鮮麗，未書也。聯云：『湘妃白眼隨愁長，有德配遠道相從，一曲鸞飛，不得見夫婿鞭絲帽影；謝朓青山帶病看，嘆使君到官遽逝，千年鶴返，可還記宣州城郭人民。』

中飯後至幕府鬯談，閱本日文件，核改李藩司批一件，未畢，更初改畢。又核批札稿頗多。二更三點入內室，核張凱章保單畢。是日聞朱雲岩於十五日打一敗仗，旌德危急，爲之憂係無已。夜接廷寄一件。

睡後，思『勞、謙』二字之道，精力雖止八分，却要用到十分，權勢雖有十分，祇可使出五分，庶幾近之。（同治元年十月二十二日）

評點

日記中說精力雖止八分，却要用到十分。關於這一點，他在給九弟的信中曾說過：『精神愈用則愈出，陽氣愈提則愈盛。每日作事愈多，則夜間臨睡愈快活。若存一愛惜精神的意思，將前將却，奄

奄無氣，決難成事。』他還說『勤勞而後憩息』是人生的一大快樂。這些都可以看作是精力八分用十分的注脚。至於權勢，他認爲十分祇能用五分。關於這一點，他也曾多次說過『有勢不可使盡，有福不可享盡』的話。

精力是自己的，人人都有，不會遭嫉妒，多用可以多辦事。權勢是別人給的，人人都想，但却不是人人都能擁有，易遭人嫉妒；且使用權力辦事，不見得都是做的好事，有時會用權勢謀私，更易遭人忌恨。所以，精力少可用多，權勢大則祇能用小。

□與人爲善，取人爲善

原文

早飯後清理文件，寫澄侯信一件。巳初行開印禮。旋出門拜客五家，均會晤。

在轎中，思古聖人之道莫大乎與人爲善。以言誨人，是以善教人也；以德熏人，是以善養人也：皆與人爲善之事也。然徒與人則我之善有限，故又貴取諸人以爲善。人有善，則取以益我；我有善，則與以益人。連環相生，故善端無窮；彼此挹注，故善源不竭。君相之道，莫大乎此；師儒之道，亦莫大乎此。仲尼之學無常師，即取人爲善也；無行不與，即與人爲善也。爲之不厭，即取人爲善也；誨人不倦，即與人爲善也。

念吾忝竊高位，劇寇方張，大難莫平，惟有就吾之所見多教數人，因取人之所長還攻吾短，或者鼓蕩斯世之善機，因以挽回天地之生機乎！適訪晤石埭楊德亨仲謙，因其譽我太過，遂與談及一二。

午正歸。中飯後至幕府畧談。旋閱本日文件，寫沅弟信一件，核批札各稿。傍夕又至幕府一談。夜定江西厘務月報單畢。因眼紅作疼，不敢多治事，二更三點睡。（同治二年正月二十一日）

評點

曾氏在咸豐九年二月二十八日的日記中說：『日内作一聯云：「取人爲善，與人爲善；憂以終身，樂以終身。」上二句見《孟子》，下二句見余所作《聖哲畫像記》。』

寫這篇日記時，曾氏已任協辦大學士、兩江總督之職，比咸豐九年時的『客寄虛懸』要高得多，是名符其實的身居高位者。居高位者，有的想爲自己撈取更多的財富，有的想爲自己圖謀更大的權力，也有的想爲自己獲取更大的名聲，然而曾氏想到的是自己肩負的更大責任。這個責任就是傳承『與人爲善』的古聖之道，激勵世間的善心，挽回天地的生機。爲使自己的『善』更多，則必須隨時隨地向別人學習，這就是『取人爲善』。

曾氏所處的時代，是一個善心蕩盡、作惡遍地的時代，多數人衹有嘆息與失望。曾氏却還抱着如此悲天憫人之心，這正是他的超凡入聖之處。

□爲保舉太濫而憂慮

原文

早飯後清理文件，旋寫澄弟信一件。圍棋二局，見客四次，杜文瀾小舫坐甚久，萬篪軒坐亦久。午刻寫扁一幅，寫横幅一首，約二百字。中飯後至幕府畧談，閱本日文件。申正閱批札各稿。傍夕寫彭杏南信。在竹床小睡。燈後與小岑一叙。旋温《詩》《無羊》、《節南山》篇。

偶思大君以生殺予奪之權授之督撫將帥，猶東家以銀錢貨物授之店中衆伙，若保舉太濫，視大君之名器不甚愛惜，猶之賤售浪費，視東家之貨財不甚愛惜也。介子推曰：竊人之財，猶謂之盜，況貪天之功以爲己力乎！余則略改之曰：竊人之財，猶謂之盜，況假大君之名器以市一己之私恩乎！余忝居高位，惟此事不能力挽頹風，深爲慚愧。

天氣漸熱，余最畏熱，不能多治事矣。

附記

○左信　○沅保單

○○○三謝摺　三旬報單　黄彬案供摺等（同治二年四月十四日）

評點

這篇日記後面的附記中提到『沅保單』，很顯然，日記中所發的『保舉太濫』的感嘆，源於曾國荃的泛濫保舉。

湘軍各帶兵統領的『濫保』，是當時飽受譏評的一大弊病，尤其到後期，這種現象越是嚴重。因爲仗快要打完了，許多該照顧的，以及前來求情的，若還不保舉，則以後再無機會了。據野史記載，當時的保舉已濫到有從未離開過家門的人也得到把總、千總、賞戴藍翎等奬賞，有的甚至連尚未出生的嬰兒，也預先給他取一個名字、列在一大串名單中去領賞。曾氏對此深知，但他也對此毫無辦法。

他不能去一一核實，他祇能相信各營統領；更重要的是，他也知道推薦者們都有其私心在內，他不能去駁他們。他也要依靠他們去打仗賣命。

抄一段話，請讀者諸君讀一讀：『楊家灘周俊大兄號少濂，與余同讀同考，多年相好，頻年先祖、先考妣之喪均來致情。昨來家中，以久試不進，欲投營博一功名，求薦至吉營。余以功牌可得，途費可贈，保舉則不可必。渠若果至吉營，望弟即日填功牌送之，兼送以來往途費。如有機可假，或恰逢克復之日，則望保以從九縣丞之類，若無機會亦不勉强，以全余多年舊好。余昔在軍營不妄保舉、不亂用錢，是以人心不附，至今以爲詬病。近日揣摩風會，一變前志。上次有孫、韓、王之托，此次又有周君之托，蓋亦情之不得已者。孫、韓、王三人或保文職亦可。渠輩眼高，久已厭薄千、把也。』

大家想到嗎，這段話就是曾氏本人所説。咸豐八年五月，曾氏因守父喪在家，有人來托他保舉。他自己已離開了軍營，便委托正在帶兵的九弟國荃幫忙。這段話説得很清楚，他過去在保舉、銀錢方面卡得太緊，所以『人心不附』。他現在要『揣摩風氣，一變前志』，即跟上潮流，改變自己過去的作法，一而再地幫人獲保。曾氏自己都這樣做，他又如何能對衆領統上報的保單較真？

那麽，有讀者會説，曾氏日記中所發的這番感嘆是虚僞。筆者以爲也不能這樣説。曾氏的立論是正大的，他也有這樣做的真誠願望，但現實的人心欲望是功利的，能達到他這種境界的人，可謂少之又少。他要驅使千萬平凡人去做一件大事，他就必須要考慮到這些平凡人的功利欲望，如此纔可以做政治家。一個政治家，有没有這種認識，也是他們之間高與低的重要區别之一。

□家敗身敗的原因

原文

早飯後，因唇疼，謝絶各客不見。清理文件。圍棋一局。吴竹莊自蕪湖來，晤談良久。劉開生等來，言繪圖事。午刻核科房批稿。黄南坡來，又與圍棋一局。曹禹門來一坐。中飯後見客，坐見者一次，立見者二次。閲《通考·土貢二》畢、《國用二》畢，閲本日文件。天氣雖晴，奇寒如故，殆近歲所未有也。至内室圍爐一坐。夜核批札稿。二更後，閲《戴東原文集》。

偶思士大夫之家不旋踵而敗，往往不如鄉里耕讀人家之耐久。所以致敗之由，大約不出數端。家敗之道有四，曰禮儀全廢者敗，兄弟欺詐者敗，婦女淫亂者敗，子弟傲慢者敗。身敗之道有四，曰驕盈凌物者敗，昏惰任下者敗，貪刻兼至者敗，反復無信者敗。未有八者全無一失而無故傾覆者也。

（同治三年正月十五日）

評點

曾氏認爲士大夫之家的維持，不如耕讀之家來得久，家敗的緣由有四點：禮儀全廢、兄弟欺詐、婦女淫亂、子弟傲慢。至於士大夫本人的失敗，曾氏也歸納了四點：欺盈凌物、昏惰任下、貪刻兼至、反復無信。

曾氏的確是一個好思索、好琢磨的人，也同時是一個好總結、好歸納的人。多虧他的思考與概括，給後人留下許多言簡意賅的話語。比如說『欺盈凌物』這四個字，便涵蓋了許多內容，有權有勢有財富的人家多半容易與這四個字沾上邊。

□八德：勤、儉、剛、明、孝、信、謙、渾

原文

早飯後清理文件，旋見客，立見者三次。習字一紙。派曾恒德至金陵看沅弟，在內銀錢所撥銀二萬解沅弟處充餉。寫沅弟信一緘、厚庵信一緘，皆一葉耳。與程穎芝圍棋二局。已正寫對聯六付。午初核科房批稿。小睡片刻。閱《通考·刑六》。中飯後至眉生處一談。工匠蓋小廚房一間，看視良久。閱本日文件甚多。李昭慶來久坐，龐省三來一談。閱《刑六》，共二十葉。傍夕與眉生一敘。小睡片刻。夜核批札稿甚多，至二更四點未畢。眼蒙，不能久治事，即睡矣。日內天晴漸熱，割麥時不逢陰雨，豐年之象也。

前以八德自勉，曰：勤、儉、剛、明、孝、信、謙、渾。近日，於『勤』字不能實踐，於『謙』、『渾』二字尤覺相違，悚愧無已。『勤』、『儉』、『剛』、『明』四字，皆求諸己之事；『孝』、『信』、『謙』、『渾』四字，皆施諸人之事。孝以施於上，信以施於同列，謙以施於下，渾則無往不宜。大約與人忿爭，不可自求萬全處；白人是非，不可過於武斷，此渾字之最切於實用者耳。（同治三年四月二十一日）

評點

曾氏在這裏所提出的八德，是他一貫所看重的八種品性，他在許多場合用不同的語言，反反復復地表達他對這八種品性的看重。爲便於讀者瞭解，筆者抄録一部分附於其後。

勤：『身勤則强，佚則敗；家勤則興，懶則敗；國勤則治，怠則敗；軍勤則勝，惰則敗。』

『吾輩現辦軍務，係處功利場中，宜刻刻勤勞，如農之力穡，如賈之趨利，如篙工之上灘，早作夜思，以求有濟。』

儉：『儉以養德，直而能忍。』

『居家之道，不可有餘財，多財則終爲患害。』

剛：『吾家祖父教人，亦以懦弱無剛四字爲大恥，故男兒自立，必須有倔强之氣。惟數萬人困於堅城之下，最易暗銷鋭氣。弟能養數萬人之剛氣而久不銷損，此是過人之處，更宜從此加功。』

『人稟陽剛之氣最厚著，其達於事理必有不可掩之偉論。其見於儀度，必有不可犯之英風。』

『未有無陽剛之氣而能大有立於世者。有志之君子養之無害可也。』

明：『三達德之首曰智，智即明也。古來豪杰動稱英雄，英即明也。明有二端：人見其近，吾見其遠，曰高明。人見其粗，吾見其細，曰精明。』

『强字原是美德，余前寄信亦謂明强二字斷不可少。弟强字須從明字出，然後始終不可屈撓。』

孝：『孝致祥，勤致祥，恕致祥。』

『吾細思凡天下官宦之家，多袛一代享用便盡。其子孫始而驕佚，繼而流蕩，終而溝壑，能慶延

一二代者鮮矣。商賈之家，勤儉者能延三四代；耕讀之家，謹樸者能延五六代；孝友之家，則可以綿延十代八代。我今賴祖宗之積纍，少年早達，深恐其以一身享用殆盡，故教諸弟及兒輩，但願其爲耕讀孝友之家，不願其爲仕宦之家。』

信：『軍中之事，貴取信如金石，迅速如風霆。』

《說文解字》釋『信』爲『誠』，段玉裁注『誠』爲『信』，可見『信』即『誠』，『誠』即『信』。曾氏在諸多美德中特別推崇『誠』，並常以『忠誠』『拙誠』『樸誠』『血誠』來分別表述：

『忠誠所感氣機鼓動，而不能自已也。』

『吾鄉數君子所以鼓舞群倫，歷九州而戡大亂，非拙且誠者之效與？』

『非得一二三君子，倡之以樸誠，導之以廉恥，則江河日下，不知所屆。』

『足下所條數事，蓋亦不能出乎交議、通論之外，其究亦歸於簿書塵積堆中，而書生之血誠，徒以供胥吏唾棄之具。每念及茲，可爲憤懣。』

謙：『天地間惟謙謹是載福之道。』

『趨事赴公，則當強矯；爭名逐利，則當謙退。』

渾：『渾兒天質聰穎，但嫌過於玲瓏剔透，宜從渾字上用些工夫。』

李續賓『妙在全不識世態，其腹中雖也懷此不合時宜，却一味渾含，永不發露』。

『人以巧詐來，我以渾含應之，以誠愚應之。久之，則人之意也消。』

□修德不求報，能文不求名

原文

早飯後清理文件。唐鶴九來一談。習字一紙。圍棋二局。批校五、七古，至未正止，共二十葉。中飯後閱本日文件。至幕府與子密及貞齋等一談。申正寫對聯七付。傍夕小坐。夜核批稿各簿，核水師補缺一案，粗畢。二更後閱白香山閑適詩。四點睡，天氣奇寒，尚得佳眠。

夜間閱蘇詩，有二語云：『治生不求富，讀書不求官。』余爲廣之云：『修德不求報，能文不求名。』兼此四者，則胸次廣大，含天下之至樂矣。（同治七年二月初四日）

評點

蘇東坡有首名曰《送千乘千能兩侄還鄉》的詩，開頭幾句這麼寫道：『治生不求富，讀書不求官。譬如飲不醉，陶然有餘歡。』曾氏讀蘇東坡這首詩深有同感，並將它推廣到『修德不求報，能文不求名』。

謀生求富，讀書做官，修德望報，著文成名，這是世人一般的願望。但此願望一出現，便給自己加上了很大的壓力，因爲謀生者大多不富、讀書者大多不官，修德者大多不得報，能文者大多不出名。倘若願望實現不了，怎麼辦？不少人便因此而厭倦、而頹廢，反倒不讀書、不修德了。所以蘇東坡要修正世人的這些普遍觀念，把它引入正途，這也可以叫做撥亂反正。

目標一旦廓清，不僅壓力減小，而且得到所爲者的真正趣味。譬如拿讀書來説，把求官一層丢開，我們可以從中領略到多少學識、才情和智慧！當然，我們也還可以再推而廣之，比如生兒不求報，爲善不求夸，交友不求利，比賽不求勝等等。當我們把目標確定得現實些，活得反而會更輕鬆。

□常懷愧對之意

原文

未黎明，至大程子祠主祭，祭畢回署。早飯後清理文件。見客，坐見者二次，雪琴坐甚久。習字一紙。圍棋二局。批校杜詩，至未正畢，凡十二葉。中飯後清理文件。至後園一覽。寫對聯五付、掛屏二幅，約二百字。申正核批稿各簿。傍夕小睡。夜核訂水師未盡事宜一條，將本轅人員斟酌補缺畢。二更後核信稿各件。

心緒憧憧，如有所失。念人生苦不知足，方望溪謂漢文帝之終身常若自覺不勝天子之任者，最爲善形容古人心曲。大抵人常懷愧對之意，便是載福之器、入德之門。如覺天之待我過厚，我愧對天；君之待我過優，我愧對君；父母之待我過慈，我愧對父母；兄弟之待我過愛，我愧對兄弟；朋友之待我過重，我愧對朋友，便覺處處皆有善氣相逢。如自覺我已無愧無怍，但覺他人待我太薄，天待我太嗇，則處處皆有戾氣相逢。德以滿而損，福以驕而減矣。此念願刻刻凛之。

三點睡，通夕不甚成寐。（同治七年二月十五日）

評點

常懷愧對之意，就是總覺得心中有所虧欠：天待我過厚，愧對天；君待我過優，愧對君；父母待我過慈，愧對父母；兄弟待我過愛，愧對兄弟；朋友待我過重，愧對朋友。如此，則會善氣相逢；反之，則戾氣相逢。

曾氏所説的這層意思，就是我們所熟悉的感恩情懷。感恩情懷是一種宗教情懷，意在培植激發人性中的感激之心。人類是天地萬物中的一部分，人類的好，與天地萬物分不開，故人類要感激天地萬物；個人是人類社會中的一分子，個人的好，與人類社會分不開，故每個人都要感激與我們共同生存於天地之間的人類社會。在這個社會中，與我們每個人關係最爲密切的是父母、兄弟姐妹、師長朋友等等。對這些人我們更要懷感恩之心。在人與人之間的相處中，人性中最大的弱點是總認爲自己給別人施舍的多，而從別人那裏接受的少。産生的根子在於人的私心。如果存這種念頭，則感恩情懷不可能産生，甚至還會滋生怨恨之意。若反過來思考，自己奉獻給別人的少，而接受別人的多，這就是『愧對』。『愧對』纔會産生感恩情懷。

□文學、事功與德行

原文

早飯後清理文件。旋坐見之客二次。偶閲孫退谷《庚子銷夏記》。巳正核科房批稿各簿，午初三刻畢。黄静軒啓愚來久坐。中飯後，史繩之來一坐，又坐見之客一次。閱本日文件，閱《庚子銷夏記》及《四庫簡明目録》。傍夕至幕府一談。夜，眼蒙殊甚。閱《四庫書目》，温古文。氣勢之盛者，莫盛於李、杜、韓、蘇之七古，因温誦七古良久。二更五點睡。

日内，思古來聖哲名儒之所以彪炳宇宙者，無非由於文學、事功。然文學則資質居其七分，人力不過三分；事功則運氣居其七分，人力不過三分。唯是盡心養性，保全天之所以賦於我者。若五事則完其肅、義、哲、謀、聖之量，五倫則盡其親、義、序、別、信之分；充無欲害人之心而仁足，充無穿窬之心而義足，此則人力主持，可以自占七分。人生着力之處當於自占七分者，黽勉求之，而於僅占三分之文學、事功，則姑置爲緩圖焉。庶好名爭勝之念可以少息，徇外爲人之私可以日消乎？老年衰髦，百無一成，書此聊以自警。（同治八年十二月二十二日）

評點

這則日記記下了曾氏的又一番感悟。曾氏認爲，自古以來那些做出很大成就揚名史册的人物，無非在文學與事功兩個領域内。當然，曾氏眼中的『文學』源於《論語》中的『德行』、『言語』、『政事』、『文學』的區分，係廣泛地指著書立説，與我們今天説的『文學作品』有些不同。曾氏説，文學上成就的大小，天賦資質占七成，人的努力衹占三成；至於建功立業，則運氣占七成，人的努力衹占三成。

無論是著書立説也好，還是建功立業也好，有七成不由自己做主，自己做主的衹有三成。因此，曾氏覺得，文學、事功都祇宜緩圖，而應致力於可以七成自主的德行修養。如此，可以減少世人爭强好勝、出人頭地的念頭。

□聖哲胸懷

原文

早飯後清理文件。將出城送張子青，而聞其已行，遂不往矣。坐見之客七次。圍棋二局。午正核科房批稿簿。中飯後閱本日文件。王子雲來一談。倦甚，閉目渴睡。旋閱《戰國策·去毒》。

因思古來聖哲，胸懷極廣，而可達天德者約有數端，如篤恭修己而生睿智，程子之説也；至誠感神而致前知，子思之訓也；安貧樂道而潤身睟面，孔、顔、曾、孟之旨也；觀物閑吟而意適神恬，陶、白、蘇、陸之趣也。自恨少壯不知努力，老年常多悔懼，於古人心境不能領取一二，反復尋思，嘆喟無已！

傍夕小睡。夜又閲《國策·去毒》。二更後温《書經》，用纂言本讀二十葉。五點睡。（同治十年三月初十日）

評點

我們從這則日記中可以看到曾氏所仰慕的古來聖哲的幾種德性：一爲篤實恭敬修身律己，睿智由此生發，這是二程夫子的學説。一爲具感動鬼神的至誠，因此而得到先知。這是子思的訓示。一爲安於清貧樂於守道而面容温和潤澤，這是孔子、顔子、曾子、孟子處世爲人的宗旨。一爲欣賞宇宙萬物以閑淡之心吟詩作賦，讓人讀後神情安適恬靜，這是陶淵明、白居易、蘇東坡、陸放翁等人的志趣。

簡言之，即篤誠修身、至誠感神、安貧樂道、心緒閑適四種德性，在曾氏看來都是極好的聖哲胸懷。

□養生之道，視息眠食最爲要緊

原文

早飯後，登岸行十里許，至教場看操。

初看提中、提右、提前、提後、城守、金山、拓林、青村八營大陣兵七百八十名。此八營中，有抽出之五百人練爲新兵者，亦歸此七百八十名之內合操。大陣跑畢，安營後，演藤牌小陣六十名。撤營後，演九子槍一百三十名。收隊後，新兵營又跑大陣四百三十名。閱畢，退堂小息。

旋升堂閱鳳凰山之洋槍隊三營，本一千四百人，而來應操者僅一千名。凡演八營，尚不如吳長慶部伍之整齊。閱畢，接看馬步箭。余看將官都、守、千、把共五十名，先馬而後步。派涂閬仙看外額步箭五十九名，自外額至兵馬箭一百一十二名，先步而後馬。又派袁篤臣、熊岳峰看步箭六十三名，派滕茂廷看打靶兵四十五名。申正，次第看畢，即在教場小宴，一面寫發賞之單。

傍夕事竣，燈後回船。李勉亭、涂閬仙先後來久坐。二更後，質堂來坐。清理文件，閱日本國人所著《新論》。四點睡。

近來，每夜小便甚數，二次三次不等。是夜雖亦二次，而爲候稍遲。因思養生之道，『視』、『息』、『眠』、『食』四字最爲要緊。『息』必歸海，『視』必垂簾，『食』必淡節，『眠』必虛恬。歸海謂藏息於丹田氣海也。垂簾謂半視不全開、不苦用也。虛謂心虛而無營，腹虛而不滯也。謹此四字，雖無醫藥丹訣，而足以却病矣。（同治十年十月初六日）

評點

曾氏認爲養生之道最要緊的在『視』、『息』、『眠』、『食』四個字。『視』爲養眼。養眼的目的在於保養精神，具體的做法是微閉雙目。『息』爲養氣。養氣的目的在於保障人體運行暢通，要讓氣沉於丹田的氣海中。『眠』爲睡好覺。要想覺睡得香甜，是心裏無事，這就是道家常說的『虛靜』。『食』爲注意飲食，關鍵在清淡與節制兩個方面。

有讀者會問，曾氏這麽重視養生，爲什麽他的壽命並不長？的確，曾氏壽命不長，他虛歲六十二，實際上衹活了六十歲零三個月。爲什麽呢？一是遺傳。他的父母都衹活了六十八歲，他五兄弟，兩個死於非命者除外，九弟國荃衹活了六十七歲。四弟國潢一直在家，未曾經歷艱險，也衹活了六十七歲。二是曾氏身體素質不好。他三十歲時便患肺病，幾於不治。後雖痊癒，但以後又重發過。三十五歲時得癬疾。此病時好時發，終生未愈，雖是皮膚病，却有很重的精神壓力。三是事情多，尤其是中年之後的軍營生涯，其艱難非尋常可比。四是思慮多、操心重。曾氏自我期許太高、自我規範太嚴，爲此耗費的心血太多。

有以上四條，所以儘管曾氏注重養生，其壽並不長。不過，他的養生之道則是可取的，不可因他本人不長壽而否定。

□慎獨、主敬、求仁、習勞

原文

早飯後清理文件。坐見之客九次，立見者一次，中如李勉亭、馮卓如、汪梅村三起，談俱甚久。客退，倦甚，不能治事。中飯後閱本日文件。陳荔秋來一談，歐陽小岑、錢子密各來一談。傍夕小睡。夜核科房批稿各簿。温《周易傳義音訓》中《師》、《比》二卦，亦温《集解》，將『象』類分條記録。二更四點睡。

前曾以四語自儆，曰：慎獨則心安，主敬則身强，求仁則人悦，習勞則神欽。近日又添四語：曰内訟以去惡，曰日新以希天，曰宏奬以育才，曰貞勝以蒙難。與前此四語互相表裏，而下手功夫各有切要之方，不知垂老尚能實踐一二否。（同治十年十一月十四日）

評點

同治十年十一月四日，曾氏給兩個兒子寫下了近於遺囑的四條。

一曰慎獨則心安，即以慎獨的高標準要求自己，任何時候、任何處境下都不存一邪念，不爲一惡行，則内心不愧疚。『人無一内愧之事，則天君泰然，此心常快足寬平，是人生第一自强之道，第一尋樂之方，守身之先務也。』

二曰主敬身强。什麼是敬？曾氏説：『内而專静純一，外而整齊嚴肅，敬之工夫也。出門如見大賓，使民如承大祭，敬之氣象也。修己以安百姓，恭敬而天下平，敬以效驗也。』依筆者的理解，敬指的是端肅慎重的心態和行爲。《禮記》曰：『莊敬日强，安肆日偷。』國家莊敬，則國强大，一身莊敬，則一身强壯；反之，則國家衰敗人身孱弱。

三曰求仁則人悦。曾氏認爲孔子教育人，最重要的是教人要有仁愛之心。『己欲立而立人，己欲達而達人』這兩句話，最爲集中地體現了『仁愛』的精髓。

四曰習勞則神欽。曾氏認爲好逸惡勞是人性中最不好的毛病。富貴家庭終年不做事，却錦衣綉食；鄉村農人一年到頭累死累活，却得不到温飽：『此天下最不平之事，鬼神所不許也。』他教導兒子可不做大官，但要做君子。他給君子的定義爲：『勤儉自持，習勞習苦，可以處樂，可以處約。』

除開這四點外，曾氏又想起四點：一曰内訟以去惡，以自我批判來去掉惡念惡習。二曰日新以希天。日新出自《大學》所説的『苟日新，日日新，又日新』。這句話的意思爲做法天道，每天自新。三曰宏奬以育才。宏奬，指借寬宏大量的鼓勵來作育人才。四曰貞勝以蒙難。遇到困難的時候，要抱堅强不摧則必定勝利的信念。

曾氏要求自己，即便已到垂暮之年，也要在八個方面實踐一二。

讀書

曾氏以科舉出身，由秀才而舉人而進士而翰林，所有的階梯一步不缺，從五歲發蒙到二十八歲攀上功名頂峰，二十三年間寒窗孤燈長明。說他是一個讀了很多書的人，這是一點都不假的。但讀了很多書，並不就意味着把書讀好讀通了，即便是用它獵取了功名富貴的人，也有許多是把書當作敲門磚用的，聖賢經典中的微言大義並沒有真正弄明白。

曾氏顯然不屬於此列。且不說他的非比尋常的事功成就，就拿讀書人的主業來說，他的詩作領一時之風尚，他的散文自成宗派。這樣的成績，便不是書呆子所能做得到的。他是一個真正把書讀好讀通了的人。

關於讀書，他的言論更多地保存於給諸弟二子的家書中。他的讀書筆記，則匯輯成《讀書錄》一書。平時點點滴滴的體會心得，則散見於他的日記裏。在這些吉光片羽中，也時見他在讀書上的過人之處。

如咸豐十年十二月十四日的日記中他有這樣的感慨：『諸子中惟老、莊、荀子、孫子自成一家之言，餘皆不免於剽襲。』這話雖有點過激，但大體上不錯。更爲重要的是，一個讀書人，敢於說出這等話來，一定有眼過萬卷、手批千函的底氣。

又如同治二年十一月十六日的日記中的讀韓文心得：『二更後温韓文數篇，若有所得。古人之不可及，全在行氣，如列子之御風，不在義理字句間也。』通常認爲，文章要好，首在義理，次在字句，

但曾氏從韓文中却得出大异於常人之觀點：『全在行氣。』這個發現，很值得有志於文章事業的人重視。曾氏之所以能在文章復興的晚清開宗立派，其得力之處就在此乎？

□讀書有爲己爲人之分

原文

早起。飯後到館，王翰城邀吃早飯，至中初乃散。仍至湖廣館，批點杜詩半卷。

凡讀書有爲己爲人之分。爲人者，縱有心得，亦已的然日亡。予於杜詩，不無一隙之見，而批點之時，自省良有爲人之念，雖欲蘊蓄而有味，得乎？

夜，至蕙西處久談。（道光二十三年二月十七日）

評點

曾氏昨天去了一趟湖廣會館，喜歡那裏的特別清靜，遂决定早出晚歸地在會館讀書。今天一早，他在家裏吃過早飯後即到會館。湖南老鄉黔陽人王翰城請吃早飯。這餐飯吃到下午三點才散。早飯變成了中飯。吃完飯後仍然來到湖廣會館，繼續讀杜甫的詩，並作了批點。

曾氏全集中的《讀書録》收有他對杜甫八十七首詩的評點，可見他對杜詩是下過大功夫的。試舉一例。杜甫《同諸公登慈恩寺塔》是杜詩中的名篇。詩曰：『高標跨蒼穹，烈風無時休。自非曠士懷，登茲翻百憂。方知象教力，足可追冥搜。仰穿龍蛇窟，始出枝撑幽。七星在北户，河漢聲西流。羲和鞭白日，少昊行清秋。秦山忽破碎，涇渭不可求。俯視但一氣，焉能辨皇州。回首叫虞舜，蒼梧正雲愁。惜哉瑶池飲，日晏崑崙丘。黄鵠去不息，哀鳴何所投。君看隨陽雁，各有稻粱謀！』曾氏爲這首詩作了如下評點：『昔賢謂以王母比楊妃，瑶池日晏比淫樂忘返，在杜公之意或有之。至謂虞舜蒼梧以二妃不從比楊妃之從游，又謂黄鵠比賢人遠引，陽雁比小人懷禄，則失之鑿矣。黄鵠蓋公以自喻，謂己有大志而卒無所遇，不知禄禄者多得温飽矣。』

曾氏讀杜甫這首詩，有贊成前人觀點之處，也有不贊成前人觀點之處，也有屬於自己領會之處。且不管這些批點正確與否，然讀經典必須如此，纔是真正地讀進去了。但即便這樣，曾氏還是爲此檢討自己，説自己的讀杜心得，其中『有爲人之念』。

曾氏説『讀書有爲己爲人之分』。這話顯然出自《論語》中的子曰：『古之學者爲己，今之學者爲人。』『爲己』者，爲了自身的道德學問；『爲人』者，爲了裝點門面，爲了在人前炫耀等等。曾氏認爲自己有點裝門面、炫耀之意。

曾氏對自己於前人詩與古文上的研究頗爲自負。他在道光二十四年三月寫給諸弟的信中説：『惟古文各體詩，自覺有進境，將來此事當有成就；恨當世無韓愈、王安石一流人與我相質证也。』這種自負，在他的讀書札記中時時流露，我們從他對《同諸公登慈恩寺塔》一詩的批點中亦可看出。其實，在今天許多人看來，孔夫子的『爲己』『爲人』之分顯得有些迂腐。祇要是真正屬於自己的心得，在人前説一説有什麽不好呢？學問也罷、藝術也罷，是需要切磋、需要品鑒、需要分享的，學界藝壇在這種評議中得到啓示，得到提高。如果完全祇是爲己而不爲人，古往今來的許多優秀之作都不必刊行問世了。

□讀杜詩有矜氣

原文

晏起。飯後，到湖廣館看杜詩一卷，純是矜氣。杜詩韓文所以能百世不朽者，彼自有知言、養氣工夫。惟其知言，故常有一二見道語，談及時事，亦甚識當世要務。惟其養氣，故無纖薄之響。而我乃以矜氣讀之，是客氣用事矣，何能與古人投入哉！

岱雲來館，久談。夜，在家看小說。（道光二十三年二月十八日）

評點

今天，曾氏又到湖廣會館繼續讀杜詩。他批評自己讀杜詩時心中有『矜氣』，有『客氣』。矜氣者，驕矜之氣也；客氣者，偏激之氣也。我們看《讀書録》中，曾氏對杜詩的評點，其中可見這樣的句子：『杜公以書生談兵，未必有當於事理。』『公詩拙處往往如此，不可學也。』

杜甫號稱詩聖，曾氏於杜甫，也是極爲尊崇的，但評點中常有抑制不住的指指點點。曾氏認爲這是自己的『矜氣』、『客氣』的緣故。此時的曾氏年方三十三歲，正是血氣方剛之際，揚才露己當是不可免之事。曾氏爲此常作檢討。當然是一邊檢討，一邊又重犯。不過，這也是少年得志者的常態，曾氏未能免俗。但接下來，他説了一句很有分量的話：『杜詩韓文所以能百世不朽者，彼自有知言、養氣工夫。』

知言與養氣，這是曾氏對前人詩文的深刻領悟。他認爲正是因爲杜韓知言，所以他們的詩文中總會有一兩句説到事物的點子上，若談論時事，也能夠説到關鍵處。也正是他們善於培植自己的浩然之氣，故而他們筆下的詩文總是氣勢宏大，絶不纖薄。曾氏認爲，在這樣的大家面前，自己不虛心學習，反而以一副高明者的姿態妄加雌黄，是不自量力的。這種不自量，就是矜氣、客氣。

這天夜裏，曾氏在家裏讀小説。讀什麽小説，他没有寫明，我們無從知道。但我們從曾氏其他日記中，知道曾氏讀過《紅樓夢》、《緑野仙踪》、《閲微草堂筆記》等小説。可見曾氏看書比較駁雜，眼睛並非衹盯在傳統正書上而不斜視。

□義理、詞章、經濟、考據

原文

温《漢書》馮唐汲鄭傳、賈山傳。在坐。少睡片時。早至貢院，搜撿翻譯，童生五百餘人入場。拜客，陳頌南、劉寬夫，凡三家。會客三次。傍夕至亥正，寫家信一件，第八號。

有義理之學，有詞章之學，有經濟之學，有考據之學。義理之學即《宋史》所謂『道學』也，在孔門爲德行之科。詞章之學在孔門爲言語之科。經濟之學在孔門爲政事之科。考據之學即今世所謂『漢學』也，在孔門爲文學之科。此四者闕一不可。

予於四者略涉津涯，天質魯鈍，萬不能造其奥突矣，惟取其尤要者而日日從事，庶以漸磨之久而漸有所開。義理之學，吾之從事者二書焉，曰『四子書』，曰《近思録》。詞章之學，吾之從事者二書焉，曰『曾氏讀古文鈔』，曰『曾氏讀詩鈔』二書，皆尚未纂集成帙，然胸中已有成竹矣。經濟之學，吾之從事者二書焉，曰《會典》，曰《皇朝經世文編》。考據之學，吾之從事者四書焉，曰《易經》，曰《詩經》，曰《史記》，曰《漢書》。此十種者，要須爛熟於心中。凡讀他書，皆附於此十書，如室有基而丹艧附之，如木有根而枝葉附之，如雞伏卵不稍歇而使冷，如蛾成垤不見异而思遷，其斯爲有本之學乎！（咸豐元年七月初八日）

評點

古文大家姚鼐認爲學問有三大門類：義理之學、詞章之學、考據之學。曾氏在此基礎上增加一個門類：經濟之學。並將這四門學問與孔門四科掛上鈎：義理之學即孔門的德行之科，詞章之學即孔門的言語之科，經濟之學即孔門的政事之科，考據之學即孔門的文學之科。如此一聯係，曾氏爲自己的這一説法引來權威依據。曾氏認爲這四門學問都閎闊深厚，自己不可能都能有所造詣，於是選擇最爲要緊的幾種書深入研習，希望借此漸入堂奧。

在義理之學上，他選擇『四子書』與《近思録》。『四子書』即周敦頤、二程、朱熹、張載四個人的著作。《近思録》爲朱熹與吕祖謙合編的一部書。這部書摘録周敦頤、二程、張載六百多條言論。在詞章之學上，他以自己素日所抄寫的文集與詩集爲讀本。這兩部書即聞名於近世的《經史百家雜鈔》與《十八家詩鈔》。在經濟之學上，他專攻以匯集制度法令爲主的《會典》和魏源編的《皇朝經世文編》兩部書。在考據之學上，他則用心於《易經》、《詩經》、《史記》、《漢書》四部書。曾氏要求自己對這十部書爛熟於胸，以之爲學問根本，在這個根本之上再讀其他的書籍。

曾氏深受湖湘文化的影響，以經世致用作爲讀書求學的目的，故而特別注重安邦治民的經濟之學。黎庶昌編的曾氏年譜一書，在『道光二十八年』一章中説：『公嘗謂古人無所云經濟之學，治世之術壹衷於禮而已。秦文恭公《五禮通考》綜括天下之事，而於食貨之政稍缺，乃取鹽課、海運、錢法、河堤等事，抄輯近時奏議之切時務者，別爲六卷，以補秦氏所未備。』正是因爲重視經濟之學，在承平之世時預作儲備，纔有後來脚踏實地的巨大事功。

□思循吏與將帥之道

原文

早，清理文件。飯後會客四次，傳見哨官二人。至府學看王右軍墨池，即曾子固作記者也。至城外拜王霞軒，登舟小叙。中飯後核謝紀壽引見恩摺稿，習字二紙，温《南越傳》、《循吏傳》。太史公所謂循吏者，法立令行，能識大體而已。後世專尚慈惠，或以煦煦爲仁者當之，失循吏之義矣。因思爲將帥之道，亦以法立令行、整齊嚴肅爲先，不貴煦嫗也。

是日辰刻，發家信，附寄易芝生掛屏四張，宣紙二大張，趙書『楚國夫人碑』八張。（咸豐九年三月二十四日）

評點

這些天曾氏在温習司馬遷的《史記》，今天重温《南越傳》與《循吏傳》。

《循吏列傳》的開篇，司馬遷作過這樣一番議論：『法令所以導民也，刑罰所禁奸也。文武不備，良民懼然身修者，官未曾亂也。奉職循理，亦可以爲治，何必威嚴哉！』司馬遷的意思是説，管理社會，靠的是法令與刑罰，所謂循吏，就是『奉職循理』，説白了，就是按法規辦事。

曾氏也是從這個層面上來理解太史公心目中的『循吏』的：制定法令，嚴格執行，識大體、顧大局。而後世專以慈祥恩惠、温和仁愛這些方面來作爲官員的標準，則失循吏的本意。曾氏由循吏而聯想到將帥。做將帥的也是應當以遵循法令、以軍紀軍風嚴肅整齊爲重要，至於温和仁慈則不是第一位的。

曾氏這裏所談到的，實際上是關於職責上的道理。作爲治理一方的官員，考核他的主要依據，就是治下是否秩序安定，百姓能否安居樂業。一個良莠并存、魚龍混雜的社會，要做到有序而安居樂業，依靠的是法令與刑罰，能制定嚴明的法令刑罰，自己又能以身作則，這就是好的官員。其他則是次要的。作爲一個帶兵的將帥，考核他的主要依據，便是他能否打勝仗。靠什麽去贏得勝利？軍令與軍風是關鍵，其他則是次要的。

曾氏是一個經世致用者。結合眼下的實際來讀書，毫無疑問是他求取學問的主要意圖。

□處約者難在軍中濟事

原文

早出，巡視營墻。飯後清理文件，改信稿三件，申夫來久談。中飯後温《左傳》『僖公』畢。夜

温文公十葉。

日來，心緒總覺不自在，殆孔子所謂『不仁者不可與久處約』者。軍中乃争權絜勢之場，又實非處約者所能濟事。求其貞白不移，淡泊自守，而又足以驅使群力者，頗難其道爾！（咸豐九年十二月初七日）

評點

這篇日記記下了曾氏身爲軍營統帥的爲難事。

何事讓他爲難？原來，曾氏想在軍中處約，但難以做到。什麽是處約？約者簡約、約束，處約即身處於簡樸與自律之中。爲什麽難？因爲投身軍營者，除極個别的如羅澤南、彭玉麟等信仰堅定者之外，其餘的或爲名、或爲利、或爲權、或爲位，故而『軍中乃争權絜勢之場』。你要處約，别人不贊同，不做法；你想要别人也跟着處約，那基本上就是痴心妄想。

就拿保舉一項來説吧！曾氏在守父喪時曾反省過自己的所作所爲，認識到保舉過嚴是導致人心不附的一個大原因。復出之後，他在這點上便改變了許多。他原想堅持原則，但别人不擁護，積極性調動不起來，事情就辦不好。而現在事情是好辦了，但原則没有了。這一點，在曾氏心中是一樁爲難甚至是很苦惱的事情。這是因爲他心裏有原則，即有約。當然，在别人如他的親弟老九那裏，這根本就不成爲一樁事，哪裏來的煩惱！

曾氏儘管不得不到鄉隨俗，但總的來説，他大體上還是做到了處約，尤其在自身上要求嚴格。一個在最是祇重目的不講手段的地方，能基本上做到處約，做到立功與立德相結合，這便是曾氏最令人

佩服之處。

□下學上達

原文

早出，巡視營墻。飯後清理文件，寫胡中丞信，改信稿數件。見客三次，張伴山自水次來久談。中飯後伴山又來談。習字一葉。夜不甚寐。

思孔子所謂『下學上達』，達字中必自有一種洞徹無疑意味，即蘇子瞻晚年意思深遠，隨處自得，亦必有脱離塵垢、卓然自立之趣。吾困知勉行，久無所得，年已五十，胸襟意識，猶未免爲庸俗之人，可愧也已。

是日探卒揭得潛山賊首告示，印曰『太平天国御林真忠報國受天安葉蕓來』。（咸豐九年十二月初八日）

評點

曾氏既想做聖賢，又身處名利場，他腦子裏多有糾結，心情於是便很鬱悶。依筆者想，這大概是曾氏一生最大的煩惱。因爲有這種煩惱，所以曾氏平生最羡慕的便是那些心境恬適、行爲灑脱的人。他在給兒子的家信中説：『余所好者，尤在陶之五古、杜之五律、陸之七絶，以爲人生具此高淡胸襟，雖南面王不以易其樂也。』由此我們也便知道，曾氏所缺的，正是這種『高淡胸襟』。於是乎，他讀《論語》的『下學上達』，悟到『達』中必有一種洞徹透明的味道；他讀蘇軾，悟到東坡的隨遇而安，正是因爲東坡於世情已經瞭然超脱的緣故。

從曾氏的糾結中，筆者想到，倘若於『聖賢』與『名利』兩者中跳出一項，或許都要好得多；倘若從兩者中完全跳出，即既不想當聖賢，又不處名利場，可能就真正的『達』了。

□經史百家簡編

原文

早出，巡視營墻。飯後清理文件，復胡中丞信。旋閱《段穎傳》、《陳蕃傳》。中飯後閱《王允傳》、《黨錮傳序》。旋與少荃暢談，見客三次。

因思余所編《經史百家雜鈔》，編成後，有文八百篇上下，未免太多，不足備簡練揣摩之用。宜另抄小册，選文五十首抄之，朝夕諷誦，庶爲守約之道。夜，將目録開出，每類選『經』一篇，『史』及百家文三篇，凡十二類，共四十八篇。是夜通夕不寐。（咸豐十年閏三月二十一日）

評點

道光二十年，三十歲的曾氏由湖南到京師翰林院，做了一名從七品銜的翰林院檢討。翰林又被稱之爲詞臣，即以文章詩詞爲業的官員；還被叫做文學侍從，即以文學之長技隨侍在皇帝的身邊。故而研習前代詩文，提高自己的寫作能力，便成爲曾氏的主業。也就在那個時候，爲了方便自己的學習，曾氏有了親自抄寫編輯前代優秀詩文的念頭，但動手却是在咸豐元年初，他那時已在禮部做侍郎。

這是一個浩大的工程。當咸豐二年六月曾氏離京時，此事並未完成。隨之而來的是完全另外的一番天地，曾氏既無精力也無時間來做這樁事了。然則曾氏畢竟書生出身，即便戎馬倥偬，亦不廢書卷，古文抄編之事不久後便在軍營中賡續下來。咸豐十年閏三月，在安徽宿松軍營，湘軍統帥完成了這部名曰《經史百家雜鈔》的皇皇巨著。

在此之前，有一部很有名的古文選本，即桐城大家姚鼐所編的《古文辭類纂》。對於姚鼐，曾氏是很尊敬的。他説姚鼐『持論閎通』，他『之粗解文章，由姚先生啓之也』。他的心目中，有三十二位古今聖哲，姚鼐乃其中之一。關於學問文章，姚鼐對曾氏的啓示最重要的有兩點。一爲姚鼐認爲學問之途有義理、詞章、考據三個方面，但三個方面又不可偏廢。二爲姚鼐認爲文章有陽剛之美與陰柔之美的不同，曾氏對此深爲贊同。

他在姚的基礎上，參照邵雍的四象之説，又將陽剛分爲太陽、少陽，陰柔分爲太陰、少陰四類。太陽代表氣勢，少陽代表趣味，太陰代表識度，少陰代表情韵。後來，他又將四類分成八類，即氣勢類分爲噴薄之勢與跌宕之勢，趣味分爲詼詭之趣與閑適之趣，識度分爲閎括之度與含蓄之度，情韵分爲沉雄之韵與凄惻之韵。『曾門四子』之一吴汝綸稱曾氏此種分類，是對古文的『前古未有』之發現。曾氏自己也多次説過，他對古文下過苦功夫探索，有獨到的心得體會。對於古文的這種分類，或許是他古文研究成果的一部分。

既然已有姚鼐所編的《古文辭類纂》這部書在先，曾氏爲何還要來編《經史百家雜鈔》呢？曾氏

在《經史百家雜鈔題語》中提到，他之所以重做這件事，係出於兩點考慮。

一是姚氏的選本中没有選六經文，近世文壇也認爲古文不宜包括經文，而這樣做是爲了以示對經文的尊敬。曾氏却認爲，這種做法『是猶言孝者敬其父祖而忘其高曾，言忠者曰我家臣耳焉敢知國』。孝而忘祖宗，忠而忘國，這是站不住脚的。故而曾氏的選本所分十一類，『每類必以六經冠其端，涓涓之水，以海爲歸』。

二是姚氏的選本中不選史傳，曾氏選本中廣采史書。曾氏之所以如此，一則出於他對史書的偏愛，二則他看重經濟，視經濟爲與義理、詞章、考據並重的學問之途，而經濟之學全在史書中。他的老師唐鑑曾這樣開導他：『經濟不外看史。古人已然之迹，法戒昭然，歷代典章，不外乎此。』

因爲此，曾氏很用心思地編了這部《經史百家雜鈔》。但這部書收録八百篇文章，爲數太大。它祇適宜於專門家，而不適宜於業餘者，而業餘者中有一個極爲重要的人物，此人即老九。

老九是曾氏諸弟中書讀得最好的一個。他在二十四歲那年考中秀才。三十二歲那年考取優貢。優貢爲五貢（歲貢、恩貢、拔貢、優貢、副貢）之一，屬於正途出身。如果不是戰爭，老九也可能會一輩子在文字簿書中討出路。這一點決定了老九對文章的喜愛。老九這幾年時運很好。他統率的吉字營連克數城，他也因戰功而得到道員銜儘先選用知府的賞賜。軍中事多，老九没有時間讀盡八百篇文章，他祇能讀選本中的簡本。於是，爲老九計，也爲更多的喜愛文章但又俗務繁忙的人計，曾氏又從八百篇中選取四十八篇，並對每篇予以校釋評點，曾氏將它命名爲《經史百家簡編》。

□諸子多剽襲

原文

早飯後清理文件，圍棋一局，寫澄侯弟信。午後寫陳餘庵信、沅弟信。樹堂來此久談。黃副將日內經理起屋事件，留之便飯。申刻再圍棋一局。旋閱《淮南子·泛論訓》。夜，倦甚，看書不能入。閱諸子中，惟老、莊、荀子、孫子自成一家之言，餘皆不免於剽襲。（咸豐十年十二月十四日）

評點

《淮南子》本是一部集各家之長的雜燴。曾氏於是在讀《淮南子》時發出老、莊、荀、孫是自成一家之言，其餘皆不免互相剽襲的感嘆。的確，從古至今，能自成一家之言的書極少，絕大多數的書都逃不了『剽襲』的嫌疑。能夠把前人已發現的『道』，結合自己的人生說得清楚明白的便算是好書；倘若能在洋洋數十萬言的著述中有幾處屬於自己的真知灼見，那更是優秀之作。故而著作界裏早就有『自古文人一大抄』的定評。不幸的是，此風在今天愈演愈烈。當今的時代是一個出版與發表空前容易的時代，也便是書籍與文章最爲掉價的時代。中國號稱是世界上論文數量第一的國家，也是世界上論文被人引用得最少的國家。這真是悲哀！

□讀詩以讀一二家爲主

原文

早飯後清理文件。寫楊節母碑額，久不作篆，生澀殊甚，乃知天下萬事貴熟也。見客三次，寫李少荃信，圍棋一局，習字一紙。中飯後寫沅甫信。前聞洋船過蕪湖來者，言十三日三山夾火光燭天，心以季弟營盤爲憂。本日，沅弟寄到季十三日一信，乃爲之慰喜。申初出外拜客。又至河下看洋船，送春字營、鼎字營赴滬，酉初二刻歸。清理文件。傍夕高吟黃山谷七律。夜將科房所呈批稿簿清厘一過，稍清月餘積閣之件。

余既抄選十八家之詩，雖存他樂不請之懷，未免足已自封之陋。乃近日意思尤爲簡約，五古擬專讀陶潛、謝朓兩家，七古擬專讀韓愈、蘇軾兩家，五律專讀杜甫，七律專讀黃庭堅，七絕專讀陸游。以一二家爲主，而他家則參觀互证，庶幾用志不紛。然老境侵尋，亦祇能長吟以自娛，不能抗乎以入古矣。（同治元年三月十七日）

評點

早在京師做文學侍從的年代，曾氏就做了一件大事。這件事即本日日記中所說的『抄選十八家之詩』。十八家爲：曹植、阮籍、陶潛、謝朓、鮑照、謝靈運、李白、杜甫、韓愈、白居易、蘇軾、黃庭堅、王維、孟浩然、李商隱、杜牧、陸游、元好問。曾氏在這十八家中選詩六千五百九十九首。曾氏做此事的目的，當然是爲自己誦讀研習前人詩作提供方便，因爲他一直並未刻印出來，不像今人來做選本，或是求名，或是謀利，功利目的非常明確。不過曾氏去世後，他的這部《十八家詩鈔》與《經史百家雜鈔》一同被收入《曾文正公全集》中，最終得以刻印流佈。憑着曾氏的名聲以及所選的獨具眼光，這兩部詩文鈔在近代廣受歡迎，成爲讀書人案頭上的常備書。

日記中說，十八家還是多了，應當簡約。他規定自己：五古專讀陶潛、謝脁兩家，七古專讀韓愈、蘇軾兩家，五律專讀杜甫，七律專讀黃庭堅，七絕專讀陸游。每一種樣式的詩以一二家爲主，再參以別家，使得心思更專一。

我們從這裏可以得到兩點信息：一是曾氏心目中特別看重的詩人，及其某種體裁的作品。二是由此可以窺視曾氏本人的審美取向及探尋他的詩文創作的路數。

□不贊成崇宋學抑漢學

原文

早飯後清理文件，與筱泉圍棋一局。旋見客四次。久不接上海信，懸繫之至。本日辰刻，接少荃十一、十六日二次信，但知青浦再爲賊占，而又無實在打仗信息，尤爲焦灼，坐卧不安。寫沅甫信一，計七葉。

本日傳候補人員言南、金茹晉、周甫文三人，令其手寫履歷，久候不能寫畢，俟至中飯以後，始傳入，與三人坐談良久，申初散。清理文件甚多。續到少荃一信、韓正國一稟，知上海於廿一日大獲

勝仗，爲之喜慰。見客一次。清理文件，至酉正畢。與幕府諸君畧談時事。夜清理文件，寫册頁二開。

是日，部文中見蔣琦齡所陳時政十二事，約計萬餘言，多可見之施行，文筆亦雅健暢達；末條請崇宋學而抑漢學，似與各條不類。（同治元年六月初二日）

評點

這一天的日記，曾氏提到蔣琦齡議論時政的條陳。對蔣的萬言條陳，曾氏評價頗高，但不滿意他最後一條的『請崇宋學而抑漢學』。

所謂宋學，指宋代的性命義理之學，主要派別有朱熹的理學派，陸九淵、王守仁的心學派，葉適的永嘉學派，陳亮的永康學派，吕祖謙的金華學派等。所謂漢學，指的是漢代的考據訓詁之學。清代乾隆嘉慶年代漢學興盛，出了一大批成就卓著的漢學家，被史册稱爲乾嘉學派。

崇宋還是崇漢，在清代學術界裏一直有爭議。曾氏在這種爭論中主張調和。他在咸豐十年八月致學者夏弢甫的信中說：『乾嘉以來，士大夫爲訓詁之學者，薄宋儒爲空疏。爲性理之學者，又薄漢儒爲支離。鄙意由博乃能返約，格物乃能正心。』

他稱贊江永的《禮書綱目》、秦蕙田的《五禮通考》可以打通漢宋二家的糾結，止息它們之間的爭論。對於古代多個領域中的聖哲，他心目中有三十二人，其中屬於漢學的有許慎、鄭玄、杜預、馬端臨、顧炎武、秦蕙田、姚鼐、王念孫，屬於宋學的有周敦頤、程頤、程顥、張載、朱熹。不管漢學也罷，宋學也罷，祇要是這個學問中的頂尖人物，曾氏都視爲聖哲，一律崇仰、不分軒輊。即便對門户之見嚴重的宋代理學各派，曾氏也取同樣的態度。曾紀澤説他的父親『篤守程朱，不廢陸王』。

這種海納百川、兼容並蓄的治學態度是非常可取的。但是，從古至今，因爲學術觀點不同而導致嚴重對立甚至勢不兩立、你死我活，似乎已成常態。這其實是不正常的，不應該的。爲什麽會這樣？在古代，學術主張常會與人的立身處世相聯係，而近代以來，學術又更是與政治、意識形態緊密結合。於是乎，在學術上也是道不同而不相與爲謀了。

□文章全在行氣

原文

早飯後清理文件。陳虎臣來，語次，余爲不懌，大作聲色斥之。旋與魯秋航圍棋一局。見客，立見者一次，坐見者二次。陶繼曾，江西知縣，送其祖鳧薌先生《詩集》一部。又兩淮運司寄到康伯山著述一部。康名發祥，泰州人，著有《詩集》、《詩話》、《三國志補義》等書，翻閱時許。中飯後又閱康、陶兩家之書，見客一次。申刻閱本日文件極多，將《歐陽氏姑婦家傳》寫畢，至幕府一談。夜核批札稿。

二更後温韓文數篇，若有所得。古人之不可及，全在行氣，如列子之御風，不在義理字句間也。

（同治二年十一月十六日）

評點

曾氏工作了一整天：見客、讀别人送的詩文集、批閱文件、核批札稿。從早到晚，没有停歇，唯一的休息，是與幕僚下了一局圍棋。一天的事情了結後，又在晚上温習韓愈的文章。曾氏説過君子有三樂，其中一樂爲讀書聲如金石，飄飄意遠。看來，他夜晚的重温韓文，既有讀書求學的一面，也有自娛自樂的一面。

然就在這樣一種心情下，曾氏温韓文亦有所得，那就是他從中領悟到古人爲文不可企及之處全在於行氣，並不在於其道理之高超與字句之斟酌。將曾氏的這兩句話展開來説，即古人散文中講的那些道理固然很好，但我們今人也可以琢磨得出，其中的字句固然珠圓玉潤，但我們努力去做也可以做得到，祇是它的那種如列子御風般的浩蕩旺盛、奔涌萬里的雄健氣勢，却是今人不可能達到的。

這裏傳遞兩個信息，一是曾氏對古文研究的探驪之得，二是曾氏極重視文章的氣勢。曾氏常説他於古文的路徑已探索到了，這裏説到的『行氣』應是其中之一。正因爲重視行氣，所以曾氏自己爲文時很是講究行之運用，從而培植了自己的獨特文風。錢基博在《現代中國文學史》一書中特别指出曾氏『以雄直之氣、宏通之識發爲文章』『异軍突起而自成一派』，對曾氏爲文的行氣，作了很高的肯定。

□古文之八種美境

原文

早飯後清理文件。旋見客，坐見者四次，立見者一次。圍棋一局。閱《説文》十葉，核科房批稿，又坐見者一次。午正請客，蔣子良等，申初散。莫子偲來一坐，閱本日文件。旋又見客，坐見者二次。說話太多，疲乏之至。傍夕小睡。夜又見首府一次。

閱《經世文編》十餘首，將選入『鳴原堂』，無稱意者。二更後温韓文數首，朗誦，若有所得。余昔年嘗慕古文境之美者，約有八言：陽剛之美曰雄、直、怪、麗，陰柔之美曰茹、遠、潔、適。蓄之數年，而余未能發爲文章，略得八美之一以副斯志。是夜，將此八言各作十六字贊之，至次日辰刻作畢。附録如左：

雄：劃然軒昂，盡棄故常；跌宕頓挫，捫之有芒。

直：黄河千曲，其體仍直；山勢若龍，轉換無迹。

怪：奇趣橫生，人駭鬼眩；《易》《玄》《山經》，張韓互見。

麗：青春大澤，萬卉初葩；《詩》《騷》之韵，班揚之華。

茹：衆義輻凑，吞多吐少；幽獨咀含，不求共曉。

遠：九天俯視，下界聚蚊；寤寐周孔，落落寡群。

潔：冗意陳言，類字盡芟；慎爾褒貶，神人共監。

適：心境兩閑，無營無待；柳記歐跋，得大自在。（同治四年正月二十二日）

評點

姚鼐在中國文學史上最先提出文章有陽剛美與陰柔美之分的概念。他說：『鼐聞天地之道，陰陽剛柔而已。文者，天地之精英，而陰陽剛柔之發也……其得於陽與剛之美者，則其文如霆，如電，如長風之出谷，如崇山峻崖，如決大川，如奔騏驥……其得於陰與柔之美者，則其文如升初日，如清風，如雲，如霞，如烟，如幽林曲澗，如淪，如漾，如珠玉之輝，如鴻鵠之鳴而入寥廓。』

曾氏很贊成姚鼐這種美學觀點，說『吾嘗取姚姬傳先生之説，文章之道分陽剛之美、陰柔之美』。他認爲，具備雄、直、怪、麗特色的文章可視爲陽剛之美的境界，而有茹、遠、潔、適特色的文章則可視爲陰柔之美的境界。在本日的日記中，曾氏仿傚司空圖《二十四詩品》的形式，分别以四句話爲這八個字作了闡釋。筆者嘗試以現代語言來表述曾氏的闡釋。

雄：忽然間變得一派軒昂，完全不同於以往的常態。氣勢跌宕起伏音韵抑揚頓挫，撫摸之際鋒芒刺手。

直：如同黄河雖有千百處彎曲，但總的趨勢是直奔大海；如同山勢像蛟龍騰躍，但它的轉換之處却無迹可尋。

怪：奇趣橫生，人鬼驚駭，如同《易經》《莊子》《老子》《山海經》中的玄遠奇特，這種奇特在張華、韓愈的作品中也時常出現。

麗：如同春天裏的大草澤，千萬朵花剛剛開放。如同《詩經》《離騷》的閃亮韵致，班固、揚雄的耀眼才華。

茹：宏富的義理蘊含在文章中，直接表述出來的部分少，更多的則需要靜靜地去咀嚼回味，它不追求曉暢明瞭、一覽無餘。

遠：如同從九天之上俯視地面上小小蚊子的聚會，如同日日夜夜思念周公孔子，使自己變得不合群。

潔：重復的内容、陳舊的句子，相似的詞語，全部去掉；謹慎地對待批評褒貶，上天與旁人都在注視着。

適：内心和外務，兩方面都悠閑，不去鑽營，也不去貪求，如同柳宗元的記敘小品與歐陽修的序跋，因爲它們之中有豐厚的内涵，故而能從容自如。

曾氏模仿司空圖，以四句話將一個字（或爲一個特點）展開闡述，當然把其中的意思説得更爲明朗通透了。但如果與司空圖相比，我們不能不遺憾地看到，曾氏的這些話，無論在文字的準確方面，還是在意境的開闊方面都與司空圖有距離，尤其是缺乏《二十四詩品》中諸如『落花無言，人淡如菊』、『不着一字，盡得風流』那樣的佳句。這固然是曾氏軍政事務繁忙，没有太多的閑工夫去仔細琢磨；另一方面，筆者想，這種屬於文學理論上的造詣，是需要專門才華的，曾氏也可能並無此種才華。

□善言德行與善爲辭令

原文

早飯後清理文件。旋見客，坐見者三次，立見者二次。圍棋二局，閲《儀禮》數葉。魏蔭亭來，久坐一時許。核批札稿。倪豹岑來久坐。中飯，請杜蘭溪、錢年伯、勒少仲等小宴，申正散。閲本日文件。倦甚，小睡。酉刻核批札稿。傍夕，錢子密來一坐。夜核批札、信稿。

二更後，思孟子所謂善言德行者，當爲後世理學諸家之源；善爲辭令者，當爲後世詞章諸家之源。孔子謙不能辭令，而以善言德行自許，蓋在己者實有盛德至行而後能自道其所得也。《論語》一書乃善言德行之尤著者，因默誦《學而》、《爲政》、《八佾》三篇。三更睡。（同治四年四月十一日）

評點

《孟子·公孫丑》中有這樣一段話：『宰我、子貢善爲説辭，冉牛、閔子、顔淵善言德行。孔子兼之，曰我於辭命則不能也。』這天夜裏，曾氏想起的就是《孟子》中的這一段話。他是一個善於思索的人，於是聯想到後世興起的理學，其探索的是義理性命等哲學命題，其源頭應是冉牛、閔子、顔淵所言的德行。後世的詩文創作，以藝術化的文字叙事言情，其源頭則來源於宰我、子貢的善爲説辭。所謂的『善爲説辭』，意爲善於説話。善於説話者，不但能把意思表達清楚，還能打動聽者的心，能做到這一步，則靠語言上的藝術化。《左傳》上説『言之無文，行而不遠』，説的就是這層意思。其本質則與詩文創作相通。

曾氏的善於思考，其特點之一便是這種善於溯源探流。捋清了源流，能讓人更爲清楚地弄通事物的源起以及它的發展演變過程，從而更好地認識其本質。

□古詩文中最可學的八個字

原文

賀節之客，概謝不見。早飯後清理文件。旋出城看馬隊操演，午初歸。圍棋二局。中飯後與幕府一談，閲本日文件，寫澄、沅兩弟信。左腭上落一壯齒，不知何時已落，或吞入腹中矣。眼蒙，不能治事。

偶思古文、古詩最可學者，占八句云：《詩》之節，《書》之括，孟之烈，韓之越，馬之咽，莊之跌，陶之潔，杜之拙。將終日三復，冀有萬一之合。

核批札各稿，與幕中久談。夜核各信稿。温《莊子》數篇。二更三點睡。（同治五年正月十五日）

評點

今天是元宵佳節，曾氏辭謝所有賀節之客，出門檢閲馬隊的操演。中飯後與幕僚談話。下午又閲讀文件，寫家信。到了夜裏，還在審核幕僚們代擬的信稿。一年一度的元宵節，除開中午的兩局圍棋外，不見他有任何娛樂與休息。他天天忙碌如此，以至一顆牙齒墜落，他也毫不知曉，甚至懷疑已吞入腹中。此時的曾氏，按現在的年齡計算法是剛滿五十五歲不久，還是個中年人，却已牙齒脱落，可知他的健康狀況不好。

就在這樣的環境裏，捻戰統帥在軍營中仍不忘他心中的摯愛——古詩古文。曾氏是個喜歡總結歸納的人。他化繁爲簡，以八個字來概括兩部書及六位詩文家的特點。順便説一句，人們都佩服化繁爲簡的能力，因爲簡則一目瞭然，便於掌握要領。其實，與之相反的另一個能力即化簡爲繁也不容易，也很重要。由簡到繁，通常需要做横的方面的四處拓展，縱的方面的深挖窮究。這兩個方面做得好的話，則能將研究的對象弄得纖毫畢現、一清二楚，又能借個案給人以更多的啓示。這些話有點離題了，我們還是來看曾氏是如何化繁爲簡的。

關於古詩，曾氏提到三家。

一爲《詩經》，他以節字來概括。這個『節』指什麽？筆者以爲，此『節』指的是節制一類的概

念。孔子説，『《詩》三百，一言以蔽之，曰思無邪』。《詩·大序》説：《詩》『發乎情，止乎禮義』。這裏説的都是節制方面的意思。

二爲陶淵明的詩，他以潔字來概括。潔，指的是高潔、潔净的意思。陶詩給人的最突出的感覺即在此。『結廬在人境，而無車馬喧。問君何能爾，心遠地自偏。采菊東籬下，悠然見南山。山氣日夕佳，飛鳥相與還。此中有真意，欲辯已忘言。』這首詩堪稱『陶之潔』的代表作。

三爲杜甫的詩，他以拙字來概括。拙字作何解？筆者以爲，當作厚重解。厚重往往給人以笨拙之感，這就是曾氏所説的拙。我們常説王維的詩空靈，這『靈』就恰恰與『拙』相對應。我們讀杜詩：『國破山河在，城春草木深。感時花濺泪，恨别鳥驚心。烽火連三月，家書抵萬金。白頭搔更短，渾欲不勝簪。』國破家别，這種沉痛有多厚重！

關於古文，曾氏提到五家。

一爲《尚書》，曾氏以括字來概括。括字當作簡要解。作爲我國最早的政事史料的匯編，曾氏以『括』來概括《尚書》的文風，自有他的道理。

二爲《孟子》，曾氏以烈字來概括，這烈字當作壯烈解。後人常説孟子是雄辯家，其滔滔不絶、氣吞天地萬物的論辯，的確體現一種壯懷激烈的氣概。

三爲韓愈，曾氏以越字來概括。此處之越可以激越來解。前人説韓愈的文章『起八代之衰』，指的是韓文氣勢雄壯、激情澎湃。『古之學者必有師。師者，所謂傳道、授業、解惑也。』『世有伯樂，然後有千里馬。千里馬常有，而伯樂不常有。』這就是韓文！文章一開頭，便有一種激越之氣迎面而來。

四爲司馬遷。曾氏以一咽字來概括。咽者，悲咽。此字用在太史公司馬遷的身上，真可謂傳神。司馬遷含不可名狀之悲，忍常人不可忍受之苦，爲的都是一部《史記》。『欲以究天人之際，通古今之變，成一家之言。草創未就，會遭此禍，惜其不成，是以就極刑而無慍色。僕誠已著此書，藏之名山，傳之其人，通邑大都，則僕償前辱之責，雖萬被戮，豈有悔哉！』千年萬載之下，每一個讀《史記》的人，能不爲之悲咽嗎？

五爲《莊子》，曾氏的概括爲『跌』。跌者，跌宕起伏。凡讀《莊子》的人，幾乎都有汪洋恣肆、詼詭奇特、跌宕起伏、難以把握的感覺。曾氏以一個跌字，將這些感覺都包括進去了。我們試讀一下《莊子》開篇的第一段：『北冥有魚，其名爲鯤。鯤之大，不知其幾千里也；化而爲鳥，其名爲鵬。鵬之背，不知其幾千里也；怒而飛，其翼若垂天之雲。是鳥也，海運則將徙於南冥。南冥者，天池也。』鯤化爲鵬，一跌；鵬怒而飛，二跌；鵬徙天池，三跌。《莊子》就是這樣將讀者帶進他的世界的。

當然，一個字太少，難以準確概括，且曾氏又要去講究押韵，有的便難免因此而顯得牽强，但大體上來説，還是可取的。

□文章須有氣勢

原文

早飯後清理文件。圍棋二局，英中丞來久談。閱《喪服》至申正止。閱本日文件，核批札各件。

閱紀鴻兒將到，察看其所住之室。剃頭一次。夜核信稿多件，二更後温古文。

文家之有氣勢，亦猶書家有黄山谷、趙松雪輩，凌空而行，不必盡合於理法，但求氣之昌耳，故南宋以後文人好言義理者，氣皆不盛。大抵凡事皆宜以氣爲主，氣能挾理以行，而後雖言理而不厭，否則氣既衰苶，説理雖精，未有不可厭者。猶之作字者，氣不貫注，雖筆筆有法，不足觀也。

二更四點睡，四更四點醒。（同治五年十月十四日）

評點

什麼是文章的氣勢？在筆者看來，文章中所彌漫着的能使讀者感染、感動的那種氛圍，可以稱得上是文章的氣勢。氣勢表現在豐沛、壯闊、流暢等形式上。所謂氣吞山河、勢壓群雄，那應該是對氣勢的高度贊揚了。曾氏拿黄庭堅、趙孟頫的字來作比較：黄、趙的字，有時爲凌空奔走，不完全與法度相合，但氣勢昌盛，故不失爲好的書法作品。常言説『理直氣壯』，但曾氏接下來則説到理直而氣不壯的例子：南宋以後學者們都喜歡談論義理之學，但氣勢却不昌盛。由此可知，『理直』是『氣壯』的一個重要因素，但不是唯一的，能使氣勢强壯昌盛的，至少還有以下幾個因素。

一則是爲文的技巧，即文章的謀篇布局、遣詞造句如何，還有文學藝術手法的運用是否得當等等。二則是爲文者的基礎與視野，即爲文者的學術根底是否厚實，他的眼界是否開闊、思路是否閎通。三則是爲文者之立足的高度。勢者，處於高位者的潛在力量也。若爲文者能將自己立在一個較高的位置上，文章便自然有一種氣勢在其内了。俗話説『以勢壓人』，其道理就在這裏。

□爲學之道不可輕率評譏古人

原文

早飯後，坐見之客二次，衙門期也。旋清理文件，習字一紙。圍棋二局。閱太白詩至未初止，批校十一葉。午刻，立見之客一次，坐見者一次。中飯後閱本日文件。小睡片刻。申正寫對聯七付。至後園一覽。核批稿各簿，核信稿一件。傍夕小睡。夜將金陵一軍奏案摘録。二更四點睡，三更後成寐。

是夜與紀澤論爲學之道，不可輕率評譏古人，惟堂上乃可判堂下之曲直，惟仲尼乃可等百世之王，惟學問遠過古人乃可評譏古人而等差其高下。今之講理學者，動好評貶漢唐諸儒而等差之；講漢學者，又好評貶宋儒而等差之，皆狂妄不知自量之習。譬如文理不通之童生而令衡閱鄉試、會試之卷，所定甲乙，豈有當哉？善學者於古人之書，一一虛心涵咏，而不狂妄加評騭，斯可矣。（同治七年三月二十五日）

評點

好識評人乃人性之弱點，文人在這方面的表現尤爲突出。識評別人者，其心中潛在的目的是借此以表現自我，賣弄自己的學問、見識、才情等等。曾氏教導兒子在治學上不要犯人們所常有的貶低別人抬高自己的毛病。

曾氏爲人講究平實。他自稱平生不爲架空之事，不言過高之理。對於那些夸夸其談、大言不慚的人，他很討厭。在《勸誡紳士四條》中，他有一段話：『近年書生侈口談兵，動輒克城若干，拓地若干，此大言也。孔子曰「攻其惡，無攻人之惡」，近年書生多好攻人之短，輕詆古賢，苛責時彥，此亦大言也。好談兵事者，其閱歷必淺；好攻人之短者，其自修必疏。今與君子約爲務實之學，請自禁大言始。欲禁大言，請自不輕論兵始，自不道人短始。』這段話可與此篇日記互爲參照。

□五言古詩有兩種最高之境

原文

早飯後至城隍廟步禱，旋歸。清理文件，習字一紙。坐見之客一次，立見者一次，圍棋二局。午初小睡片刻。旋閱《祀天門》十一葉。中飯後，崇地山自天津來，久談。閱本日文件，核批稿各簿，申正畢。又坐見之客一次。至幕府一談。出門拜崇地山，久談。酉正歸，小睡。閱湯文正公語録。夜核改批一件，清理零件甚多。二更，課兒背書。旋朗誦曹、阮詩。

五言古詩有二種最高之境，一種比興之體，始終不説出正意。如《碩人》，但頌莊姜之美盛，而無子兆亂已在言外；《大叔於田》，但夸叔段之雄武，而耦國兆亂已在言外。曹、阮、陳、張、李、杜，往往有之。一種盛氣噴薄而出，跌蕩淋漓，曲折如意，不復知爲有韵之文。曹、鮑、杜、韓，往往有之。余解此二境，而曾未一作此等詩，自愧亦自惜也。三點睡。（同治八年三月初九日）

白天忙碌一天，到了晚上，曾氏又親自督促兒子背書。此時歐陽夫人及紀澤等人尚在由江南赴直隸的途中，隨侍曾氏身旁的兒子應是次子紀鴻。紀鴻已虛歲二十三歲，早已做了父親。曾氏仍然如此嚴格要求，其對兒子的關愛之深可以想見。課兒背書之後，他自己又高聲朗誦曹氏父子與阮籍等人的詩。曹、阮等人的五言詩，是五言古詩的最高成就的代表。在誦讀之際，他領悟出五言古詩的兩種最高境界。

一種是比興手法運用得很好，全詩從頭到尾始終不說出本意，但它的本意已在言外。《毛詩序》說：『《詩》有六義焉：一曰風，二曰賦，三曰比，四曰興，五曰雅，六曰頌。』其中風、雅、頌指《詩》的三種體裁，賦、比、興指《詩》的三種表達方式。比者，借物作比。興者，借事起興。曾氏以《衛風·碩人》及《鄭風·大叔於田》爲例，說明比興手法在《詩經》中的運用。曹氏父子、阮籍、陳之昂、張九齡、李白、杜甫等人的五言古詩中常常見到這種手法的運用。

二是旺盛的氣勢噴薄而出，跌宕起伏，淋漓盡致，詩句曲折反復，詩意表達自如，使人讀起來不覺得是有格律的詩，而是氣勢磅礴的散文。曹氏父子、鮑照、杜甫、韓愈等人的五言古詩中常常有這種境界。曾氏以自己已領悟到這兩種境界，但却没有寫出一首這樣的詩作而慚愧而惋惜。

曾氏常說他領悟了詩與古文的寫作奥妙，也常常說他未能將所領悟者付之於創作實踐，並爲之自憐自惜。曾氏不是浮夸之輩，他說的這些話自然是真誠的，但他也可能走入了一個誤區。姑且不說他的領悟是不是真的已得驪珠，即便已得到，也不見得就能寫出曹、鮑等人那樣的詩作來。領悟屬於研究的領域，寫作屬於創造的領域。這是兩個不同的門類，好的研究者不一定就能做好的創造者。古人說『詩有別才』，指的就是這個。